뱀파이어 연대기

차례
Contents

삶과 죽음의 경계에 선 뱀파이어

"어서 오십시오. 여러분은 뭔가 미지의 것, 신비롭고 불가사의한 것을 찾아 이곳에 오셨습니다. 이제 사상 처음으로 끔찍한 고통에서 살아남은 한 불행한 영혼의 유일한 독백을 증거로 실상의 전모를 밝히겠습니다."

― 팀 버튼(Tim Burton) 감독의 영화
「에드 우드 Ed Wood」 중에서

20세기 말의 어느 토요일 밤, 미국 뉴올리언즈의 라파예트 공동묘지에서 뱀파이어가 긴 잠에서 깨어난다. 그가 은둔 생활을 청산한 이유는 다름 아니라 그의 유일한 안식처인 관 속까지 흘러드는 록(Rock) 음악과 거리의 소음 때문이었다. 도로를 질주하는 자동차 엔진 소리와 그 안에서 흘러나오는 라디오 DJ의 목소리, 저녁이면 집집마다 틀어놓는 텔레비전 소리 때문에 뱀파이어는 단잠을 이룰 수가 없었던 것이다.

인류의 역사만큼이나 오랜 연륜을 자랑하던 뱀파이어건만, 막상 관 밖으로 나오자 20세기라는 '신천지'에 놀라지 않을 수 없었다. 사람들은 이제 더 이상 해가 져도 어둠을 피해 집으로 숨지 않았고, 잠자리에 들기 전에 기도를 청하지도 않았다. 뱀파이어만의 활동 시간이었던 밤이 찾아와도, 사람들은 낮보다 환하게 불을 밝혀 놓고 여전히 일에 골몰했다. 층층이 불을 밝힌 빌딩 속의 사람들은 해의 움직임 대신에 시계 바늘의 움직임에 민감해져 버렸다.

20세기의 거대한 변화 속에서 뱀파이어는 순간 아이러니하게도 세상이 갑자기 멈추어 버린 듯한 느낌을 받게 된다. 그리하여 토요일 저녁, 라파예트 묘지 근처에 모여든 젊은이들에게 200년 만에 처음으로 용기를 내어 자신을 뱀파이어라고 소개하고 만다. 만일 중세였다면 자신의 이름을 듣는 순간 비명을 지르면서 실신하거나 십자가를 찾느라 정신을 차리지 못했을 10대의 소년·소녀들은 조용히 담배를 비벼 끄는가 싶더니 다시 라디오의 볼륨을 높이고 자신들이 하던 일을 계속 할 따름이다.

위의 내용은 '뱀파이어 연대기(Vampire Chronicles)' 시리즈로 유명한 미국 작가 앤 라이스(Ann Rice)의 소설 『뱀파이어 레스타 *The Vampire Lestat*』의 설정을 빌려온 것이다. 만약 소설 속의 뱀파이어 레스타가 21세기에 깨어난다면 어떤 광경들을 보게 될까? 젊은이들이 멀티플렉스(Multiplex) 극장에서 액션 스타나 포르노 배우와 다를 바 없는 뱀파이어 자신의 모습을 팝콘을 흘려 가면서 관람하는 광경을 어렵지 않게 볼 수 있을 것이다. 혹은 토요일 밤마다 뱀파이어를 자칭하는 마니아들이 클럽에 모여 고딕 패션(Gothic Fashion)의 검은 옷으로 치장하고 고딕 록(Gothic Rock)에 심취한 모습을 보고 황당해할지도 모를 일이다.

그러나 뱀파이어 레스타가 진짜 놀랄 일은 지금부터이다. 웹 검색 창에 자신의 이름을 쳐 넣는 순간, 화면 가득 뱀파이어의 이름들이 쏟아질 테니 말이다. 그 이름 중의 하나를 클릭하면, 레스타 자신도 기억하지 못하는 자신의 비망록을 보게 될 것이다. 예전 같았으면 '드라큘라'라는 이름만 들어도 혼비백산 하면서 엄마 품으로 도망쳤을 유치원생들이 '악마성 드라큘라(Night of Demon Castle Dracula)'란 게임을 하면서 키보드나 조이스틱으로 신나게 칼과 도끼를 휘두르는 광경을 목격할 때쯤이면 다시 관 속으로 들어가고 싶어질 지도 모를 일이다. 아무리 적응력이 뛰어난 뱀파이어일지라도 부족한 것이 없어 보이는 21세기에 자신이 끼어들 자리란 더 이상 없다고 느낄 것이 분명하기 때문이다.

뱀파이어는 세기가 바뀌고 매체가 바뀔 때마다 어김없이 등장해 다양하게 멀티 유즈(Multi-Use)되어 왔다. 설화의 시대에 대중들은 두려움에 떨며 입에서 입으로 그의 이야기를 전달했다. 중세에는 사제들에 의해 억울하게도 페스트의 원흉으로 몰렸지만, 아이러니하게도 자신의 존재를 본격적으로 인정받기 시작했다. 역사 속에 이름을 남긴 세기의 살인마들과 연결되면서 귀족 살인마로서의 이미지를 굳혔으며, 이러한 이미지들은 소설가에 의해 활자로 충실하게 기록됐다. 이후 영화라는 매체가 등장하면서 상상에서 언어로 옮겨진 뱀파이어의 자화상은 다시 스크린 위에 재현됐다. 영원불사의 존재인 만큼 오랫동안 회자되어 오던 그의 이야기가 이제 막을 내릴지도 모른다고 생각될 즈음, 사람들은 게임이라는 3차원의 공간에 그를 밀어 넣고서 조종하기 시작했다.

이처럼 이야기 양식 속에서 뱀파이어는 더 이상 두렵지도, 낯설지도 않은 존재이다. 그럼에도 불구하고 21세기의 사람들은 끊임없이 과거의 존재인 뱀파이어를 스크린 속에서, 게임 속에서 다양한 모습으로 부활시켜서 그의 이야기를 듣고자 한다. 삶과 죽음의 경계선을 아슬아슬하게 걸으면서 인간과 역사 속에 늘 함께 해 온 뱀파이어, 그의 발자취를 거슬러 올라가다 보면 과연 인간이 뱀파이어의 이야기를 그토록 원하는 이유가 무엇인지 짐작할 수 있을 것이다.

뱀파이어의 비상(飛翔)

"나는 다른 사람들이 못 본 것을 보았다. 그것을 다른 사람들이 보게 하는 것이 내 소망이다."
― 베르너 헤어조그(Werner Herzog) 감독의 후기 중에서

20세기 이후, 영화는 소설을 제치고 최고의 이야기 양식으로 떠올랐다. 영화는 매체의 특성상 다른 어떤 이야기 양식보다도 특히 '대중(popularity)'의, '대중'을 위한, '대중'에 의한 이야기들을 한껏 담아내고자 노력해 왔다. 아마도 20세기 이후의 대중들이 처음으로 뱀파이어와 대면하게 되는 곳은 다름 아닌 극장에서일 것이다.

오늘날 스크린에서 만날 수 있는 뱀파이어는 더 이상 마늘이

나 십자가를 겁내는, 이른바 브람 스토커(Bram Stoker)식의 『드라큘라 *Dracula*』 법칙에 충실한 몬스터가 아니다. 오히려 그 법칙들을 거스름으로써 스스로 쾌감을 느끼고 관객에게 통쾌함을 전달하는 뱀파이어들이 속출하고 있다. 직업도 각양각색인지라 어떤 뱀파이어는 록 음악을 연주하는 뮤지션으로, 또 어떤 뱀파이어는 군중 속에 섞인 채 고뇌하는 철학과 대학원생으로 위장하기도 한다. 인종도 다양해서 백인뿐만 아니라, 흑인, 동양인 등 개성 있는 캐릭터들이 뱀파이어라는 이름으로 자신의 매력을 스크린에 가득 발산하고 있다.

한편 스크린에서는 더 이상 뱀파이어만이 빛나는 주연이 아니다. 소설에서는 늘 조연 자리에 머물러야 했던 뱀파이어의 영원한 적수 '반 헬싱(Van Helsing)'의 캐릭터가 전면적으로 부각되면서, 뱀파이어 대 뱀파이어 헌터의 경쟁이 두드러지는 영화가 심심찮게 등장하고 있기 때문이다. 이와 같은 현상은 특히 일본의 애니메이션을 중심으로 활발하게 일어나고 있다.

21세기 스크린의 세계에서는 최첨단의 기술과 자본이 유입되면서 더 이상 불가능한 일이란 없게 됐다. 이러한 능력을 십분 발휘해 스크린은 뱀파이어뿐만 아니라, 내로라 할만한 몬스터들이 한데 모일 수 있는 자리까지 마련했다. 시공간을 초월해서 사람들에게 사랑을 받아 온 이야기 속의 몬스터들을 종합선물세트처럼 하나의 이야기 속으로 불러들인 것이다. 이와 같은 종합선물세트는 후에 게임에서 더욱 적극적으로 활용된다.

무르나우와 헤어조그의 독일식 노스페라투

드라큘라를 소재로 한 최초의 영화로는 독일 무르나우 (Friedrich Wilhelm Murnau) 감독의 1922년 작 「노스페라투 Nosferatu-eine Symphonie des Grauens」를 꼽을 수 있다. 이 영화는 헨릭 갈렌(Henrik Galeen)에 의해서 새롭게 각색되었다고는 하나, 내용적으로는 철저하게 브람 스토커의 드라큘라를 모체로 삼고 있다. 감독인 무르나우는 저작권의 문제를 염려해서 드라큘라(Dracula) 백작의 이름을 올록(Orlok) 백작으로 바꾸는 등, 등장인물들의 이름을 모두 브람 스토커의 작품과 다르게 교체했다. 이러한 노력에도 불구하고, 전체 내용 가운데 굵직한 줄기 자체가 브람 스토커의 작품과 거의 일치했기 때문에 브람 스토커의 미망인인 플로렌스 스토커(Florence Stoker)로부터 저작권 시비에 휘말리지 않을 수 없었다. 브람 스토커의 무덤에 흙이 마르기도 전인 사후 10년 만에 영화가 나왔으니, 가뜩이나 저작권에 민감해 하던 미망인으로서는 당당하게 소송을 제기할 수 있었던 것이다.

결국 법원은 플로렌스 스토커의 손을 들어줬고, 1925년에 영화의 원판과 프린트를 모두 파기하라는 명령을 내렸다. 그러나 1937년에 미망인인 플로렌스 스토커마저 죽고 나자, 세계 여기저기에서 무르나우의 「노스페라투」복사본이 떠돌기 시작했다.

이제 이 영화는 뱀파이어를 다룬 최초이자 최고의 영화로 새롭게 각광을 받기 시작했다. 무성영화인데다가 독일 표현주의 특유의 섬세한 내용 전개에도 불구하고, 이 영화는 미국 영화 데이터베이스 사이트인 IMDB(www.imdb.com)에서 호러 영화 순위 11위를 점하고 있다.

스크린 가득 피가 튀는 특수효과에 익숙한 21세기의 호러 영화 팬들이 지나치게 정적이고 평면적인 이 흑백 무성영화에서 여전히 서늘한 공포를 느끼는 이유는 무엇일까? 그것은 아마도 화면 속에서 천천히 다가오는 올록 백작, 즉 드라큘라의 역할을 맡은 막스 슈레크(Max Schrek)의 형상 때문일 것이다. 요즘 영화와는 달리 초당 프레임을 과하게 찍어 마치 채플린의 코미디를 보는 것처럼 빠른 전개를 보이고 있는데, 그 속에서 이질적으로 오랜 세월 죽지 않고 살아있는 괴물 올록 백작이 클로즈업 될 때마다 관객들은 기묘한 체험을 하게 된다. 브람 스토커의 원작과 달리 꼽추처럼 구부러진 등에 무릎까지 늘어진 팔, 그 아래 날카로운 손톱, 심지어 매부리코에 대머리인 올록 백작은 매력적인 사람이라기보다는 오히려 추악한 좀비에 가깝게 묘사되고 있다. 게다가 후대 뱀파이어의 매력 포인트인 덧니조차 날카로운 앞니로 대체되어 있어서 희생자를 탐할 때도 마치 육식성 동물처럼 묘사되고 있다.

그러나 그 외의 이야기 전개는 스토커의 법칙을 충실히 따르고 있다. 모기와 박쥐, 관 속에 가득 찬 쥐들과 페스트, 거미, 관 등 뱀파이어를 암시하는 상관물들이 이 영화에서도 그대로 적용되고 있다.

대사가 난무하는 할리우드 영화와는 달리 무르나우의 「노스페라투」에서는 흉측한 올록 백작의 이미지 뒤에 함축적인 몇 마디 대사가 있을 뿐이다. 공포란 흘러가는 시간이 잠시 멈추는 순간에 발생하는 찰나적인 느낌이다. 이미지와 텍스트 사이에 발생하는 순간적인 포즈(pause)는 오히려 관객의 가슴에 미묘한 공포와 여운을 남긴다. "그는 어둠 속에서 사라졌지만 당신의 심장에서 다시 살아나 당신의 피를 탐할 것이다", "노스페라투는 희생자를 가두어 놓고 천천히 피를 빨아먹는다. 그가 악몽으로 그대를 괴롭히지 못하게 하라."와 같은 전지적 작가 시점의 대사들이 21세기의 젊은이들의 가슴에까지 찬바람을 불러일으킬 수 있는 이유는 바로 여기에 있다.

이 영화는 훗날 다양한 뱀파이어 영화들에 지대한 영향을 미치게 되는데, 가장 직접적으로는 1979년에 상영된 독일의 베르너 헤어조그(Werner Herzog) 감독의 영화 「노스페라투 Nosferatu-Phantom der Nacht」를 탄생시켰다. 나치 점령 이후, 문화적 단절감에 방황하던 독일 영화감독 헤어조그는 자신의 뿌리를 무르나우에서 찾고자 노력했고, 그 결과 1922년판 무성영화의 새 버전 격인 「노스페라투」를 제작하게 되었다.

이 영화는 70년대 고어 영화의 붐을 타고 만들어졌다. 제작은 독일인인 베르너 헤어조그가 직접 했으며, 배우로는 폴란드 출신의 클라우스 킨스키(Klaus Kinski) 외에도 프랑스 출신의 이자벨 아자니(Isabelle Adjani), 부르노 갱즈(Burno Ganz) 등이 출연했으며, 미국의 배급사인 폭스(Fox)사에 의해 미국에서

영화 「노스페라투(1979)」의
올록 백작(클라우스 킨스키).

도 상영되었다. 그야말로 다국적 영화라 할 만하다. 이 영화는
1979년 당시 89만 6천 달러가 소요된 저예산 영화로, 필름도
10만 피트를 채 쓰지 않았다. 준비하는 데에는 5개월이 걸렸
지만, 촬영은 단 7주 만에 끝났다.

단시간에 양질의 영화를 만들어 낼 수 있었던 이유는 바로
뱀파이어 영화 특유의 '법칙성'에 있다. 본래 베르너 헤어조그
는 즉흥적인 장면을 즐겨 찍는 감독으로 유명했지만, 이 영화
를 찍을 때만큼은 정해진 기본 규칙에 의거해서 철저히 계획
된 대로 찍을 수밖에 없었다고 회상한다. 이미 드라큘라 소재
의 영화는 사람들 뇌리에 전형적인 형태로 각인되어 있기 때
문에, 이러한 기본적인 요건을 충족시켜 주지 않은 상태에서
는 새로운 것을 덧붙일 수 없었던 것이다.

이는 훗날 등장하는 수많은 뱀파이어 영화들에서도 마찬가
지로 적용된다. 모든 뱀파이어 영화들은 최소한의 기본 법칙
을 준수하는 가운데 새로운 요소를 하나씩 첨가하는 방식으로
영화를 제작해야만 했다. 그래야만 관객들이 익숙한 것을 통

해서 통속적 재미를 느끼는 한편, 동시에 낯선 것을 통해서 예술적 신선함을 경험할 수 있기 때문이다.

분장하는 데에만 4시간이 소요됐다고 하는 킨스키는 무르나우 감독의 「노스페라투」에 등장하는 막스 슈렉의 올록보다는 좀더 인간적인 모습으로 그려지고 있다. 전작에서와 마찬가지로 킨스키가 분한 올록 백작 또한 붉은 입술에 삐져나온 앞니, 기다란 귀와 손톱, 푸르뎅뎅한 피부 등이 모두 악몽에나 등장할 법한 몬스터처럼 묘사되고 있다. 그러나 막스 슈렉 분의 올록 백작과 달리, 킨스키가 분한 올록 백작은 자신이 살아 있지도, 죽지도 못하는 존재라는 점에 대한 고뇌를 간접적으로 드러낸다. "시간은 무수한 밤처럼 깊은 심연이요."라고 읊조리는 그의 처량한 모습에서, 우리는 무한한 시간 앞에 던져진 유한한 인간의 고뇌를 엿볼 수 있다.

헤어조그의 「노스페라투」에서는 특히 루시 역의 이자벨 아자니와 올록 백작 역의 킨스키 간의 교감이 중요하게 그려지고 있다. 추남인 올록 백작이 미녀인 루시를 탐할 때, 자신의 내부에 남아 있는 인간성을 자각하곤 한없이 자괴감을 느낀다. 카오스적인 분위기를 자아내는 음악과 킨스키의 고뇌에 찬 표정이 교차되면서, 불가사의한 자연의 모습과 루시의 단말마와 같은 비명 소리가 극 전반에 걸쳐 아슬아슬한 균형을 이루어 내고 있다. 특히 또 다른 뱀파이어가 다른 곳으로 여행을 떠나는 마지막 장면에서 관객은 쉽게 '사라지지 않는 악'을 새삼 깨닫고는 절벽 아래를 내려다보는 듯한 서늘한 공포를 경험하게 된다.

유니버설과 해머의 드라큘라

관객들이 열광해 마지않는 이야깃거리를 할리우드가 그냥 지나칠 리가 없었다. 드라큘라는 곧바로 할리우드로 무대를 옮겼는데, 이때 캐릭터 또한 할리우드 스타일로 변모하게 된다. 할리우드 드라큘라 영화의 원조로는 토드 브라우닝(Tod Browning) 감독의 1931년 작 「드라큘라 Dracula」를 들 수 있다. 본래 이 영화에서 드라큘라 백작 역은 '천의 얼굴'을 가진 배우로 알려진 론 채니(Lon Chaney)가 맡기로 했었으나, 그가 1930년에 암으로 사망함에 따라 헝가리 출신의 배우 벨라 루고시(Bela Lugosi)에게 그 역이 맡겨졌다.

사실 토드 브라우닝의 작품이 유명해질 수 있었던 이유는, 작품 자체의 완성도가 높았기보다는 벨라 루고시가 분한 드라

벨라 루고시.

큘라 백작이 매력적이었기 때문이라고 해도 과언이 아니다. 강렬한 눈빛과 매력적인 턱 보조개, 말쑥한 키에 단정하게 뒤로 빗어 넘긴 머리의 벨라 루고시가 검은 망토를 휘두르는 모습은 이전 영화에서 괴물에 가깝게

그려졌던 올록 백작과는 분명 달랐다. 게다가 벨라 루고시가 드라큘라 설화의 주 무대인 트란실바니아(Transylvania) 근처 헝가리 태생이라는 스크린 밖의 사실이 그에게 이국적인 매력을 덧붙었다. 벨라 루고시가 영국식 신사의 모습으로 더듬더듬 "아, 아임 드으라아쿨라(I, I'm Dracuuula)"라고 자신을 소개하면, 극중의 여인들은 물론 관객들까지도 그의 묘한 매력에 사로잡히기 일쑤였다. 벨라 루고시가 분한 드라큘라의 손짓 하나에 미녀 드라큘라 3명이 오가고, 미나와 루시는 사춘기 소녀들처럼 "정말 로맨틱하다. 성 드라큘라 트란실바니아 백작부인이 되지 그래?"라면서 키득거리기에 충분했던 것이다.

토드 브라우닝과 벨라 루고시가 짝을 이뤄 만들어낸 「드라큘라」가 상업적인 성공을 거두자, 드디어 할리우드에 드라큘라 전성시대가 개막됐다. 이 여세를 몰아 토드 브라우닝은 자신이 1927년에 론 체니를 주연배우로 기용해서 제작했으나 필름이 유실되어 버린 영화 「자정 후의 런던 London After Midnight」을 벨라 루고시를 재기용해서 1935년에 「마크 오브 더 뱀파이어 Mark of the Vampire」란 작품으로 리메이크 했다.

체코슬로바키아의 작은 마을에서 벌어지는 살인 사건을 다루고 있는 이 영화에서 벨라 루고시가 분한 가짜 드라큘라인 모라 백작의 캐릭터는 1931년 작 「드라큘라」의 이미지를 그대로 차용하고 있다. 이미 '벨라 루고시는 곧 드라큘라 백작'이라는 공식이 성립된 상태에서, 영화의 후반부에 가짜 모라 백작 역할을 맡았던 벨라 루고시가 "내가 그 유명한 뱀파이어다."라고 말하자 그의 딸로 분했던 여자 배우가 "알았으니 화장이나 지워요. 청소도 도와주고요."라고 대꾸하는 부분은 벨라 루고시의 정형화된 이미지를 패러디해서 공포가 아닌 코믹함을 이끌어 내고 있다.

이후 벨라 루고시의 작품들은 모두 1931년도의 「드라큘라」의 이미지를 재활용하는 범위 내에서 이뤄진다. 그러나 팀 버튼(Tim Burton) 감독의 1994년 개봉작 「에드 우드 Ed Wood」에서 볼 수 있는 것처럼, 늘 정형화된 드라큘라 백작의 연기만하던 벨라 루고시는 훗날 약물 중독에 시달리면서 3류 영화에 출연하다가 쓸쓸히 최후를 맞이하고 만다.

1930년대 미국 유니버셜(Universal)사의 흑백 드라큘라는 1950대에는 영국 해머(Hammer)사의 드라큘라로 이어진다. 19세기 말 고딕 문학을 꽃피웠던 영국의 뿌리를 이어받은 해머 스튜디오는 소위 '고딕 호러'라고 불리는 영화를 다수 제작했다.

1958년에는 테렌스 피셔(Terrence Fisher) 감독의 지휘 아래 「드라큘라 Dracula」를 만들어 냈다. 기존의 드라큘라를 다룬 영화들이 브람 스토커를 충실하게 재현하는 데 포커스를 맞춘 것에 비해서 이 영화는 스토리상의 비약이 많은 편이다. 루시(Lucy)와 그녀의 약혼자이자 반 헬싱의 제자인 조나단 하커(Jonathan Harker)는 드라큘라에 의해 희생되고 만다. 이에 루시의 오빠인 아서 홈우드(Arthur Holmwood)와 반 헬싱(Van

Helsing) 박사가 드라큘라를 찾아 복수한다는 것이 주요한 줄 거리이다.

대강의 줄거리만으로도 짐작할 수 있듯이 기존의 드라큘라 영화에서와는 달리, 이 영화에서는 반 헬싱과 드라큘라의 대결이 극을 이끌어가는 중요한 갈등 요인으로 작용하고 있다. 무르나우나 토드 브라우닝의 영화에 등장했던 반 헬싱 박사는 대부분 나이와 학식이 많은 노신사로 드라큘라를 돋보이게 하기 위한 조역에 불과했다면, 피터 쿠싱(Peter Cushing)이 분한 반 헬싱은 주역이라 할 만큼 매력적이고 강력한 캐릭터이다. 이와 같은 반 헬싱의 캐릭터는 훗날 21세기에 등장하는 수많은 뱀파이어 영화에서 악을 물리치는 영웅으로서의 반 헬싱의 캐릭터로 발전한다.

크리스토퍼 리(Christopher Lee)가 분한 드라큘라 백작은 드라큘라의 양면성을 극대화한 캐릭터이다. 전형적인 영국 신사로 깍듯하고 말쑥하던 드라큘라 백작은 희생자 앞에서는 잔인무도한 연쇄살인범으로 돌변한다. 이는 분명 늘 인상을 쓰고

영화 「드라큘라(1958)」의
드라큘라 백작(크리스토퍼 리).

고뇌하는 듯 하다가도 이빨을 희생자에게 갖다 대는 순간 화면은 다음날 아침으로 넘어가기 일쑤였던 매력적인 벨라 루고시의 캐릭터와는 분명 다르다. 이 영화는 결국 잔인무도한 드라큘라 백작이 분해되는 것으로 막을 내린다. 이때 스크린 위에 흩뿌려진 피는 드라큘라 영화 역사상 제대로 노출된 최초의 피라고 해도 과언이 아닐 것이다.

피의 중요성은 테렌스 피셔의 1965년 작 「드라큘라, 어둠의 왕자 Dracula, Prince of Darkness」에서 더욱 두드러진다. "나는 내 영화 속에서 보여지는 끔찍함이 철학적이고 윤리적인 기초에 뿌리를 두고 있는 것이길 원한다."라고 강조하는 피셔 감독은 이 영화에서 드라큘라를 적그리스도와 동일시한다. 마치 적그리스도 단이 십자가를 거꾸로 해서 희생자를 처형하듯 목이 잘린 알란의 몸에서 흘러내리는 피를 강조한다. 이와 같이 스크린에 선혈이 낭자한 현상은 훗날 다양한 호러 영화들을 통해서 새롭게 부활하게 된다.

전통적인 뱀파이어인 드라큘라의 이야기가 영화사의 고전으로 굳어질 무렵, 브람 스토커의 원작에 가장 충실하다는 평가를 받을 만한 작품이 개봉됐다. 「대부 Mario Puzo's the Godfather」로 잘 알려진 20세기의 거장 프란시스 포드 코폴라(Francis Ford Coppola) 감독이 브람 스토커의 이름을 전면에 내세워 제작하며 1992년에 개봉한 「드라큘라 Bram Stoker's Dracula」가 바로 그것이다.

20세기 호러 영화답게 온갖 컴퓨터 그래픽을 동원하고, 예술가의 의상을 통해 당대를 고증하는 등 무려 4천만 달러의 거액을 투자한 이 영화는 감독의 의도대로 브람 스토커의 스토리를 충실히 재현하고 있다. 그럼에도 불구하고 성격파 배우 게리 올드먼(Gary Oldman)이 연기한 드라큘라는 벨라 루고시나 크리스토퍼 리와는 또 다른 면모를 보여준다. 그는 이전의 어떤 드라큘라보다도 화려하고 그로테스크한 의상을 입고 미나에게 자신의 사랑을 고백한다. 엔딩 크레딧과 함께 잔잔하게 흐르는 애니 레녹스(Annie Lenox)의 「뱀파이어를 위한 러브 송 Love Song for a Vampire」이 장엄하고도 감미로운 뱀파이어의 사랑 이야기를 집약해서 드러내고 있다.

기존의 영화들에 비해서 에로틱한 면이 강조됨과 동시에, 코폴라의 「드라큘라」에서는 당대 비슷한 호러물에 비한다면 별 것 아닐 수도 있겠지만, 테렌스 피셔의 드라큘라에서 보여졌던 피의 공포 또한 강조하고 있다. 특히 영화의 첫 장면과 마지막 장면에서 수미상관 형식으로 흐르는 희생자의 피와 드라큘라 자신의 피는 드라큘라 영화가 로맨틱한 모습으로 변화하기 이전에 피 튀기는 호러 영화라는 점을 관객에게 각인시키는 역할을 한다.

영웅주의의 승리, 반 헬싱

영화가 대중의 오락물로 자리를 잡게 되면서, 뱀파이어 영화는 점차 뱀파이어의 캐릭터를 부각시키는 것보다, '뱀파이어 대 헌터'의 대결 모티브를 활용하는 방향으로 나아가게 된다. 테렌스 피셔의 「드라큘라」에서 처음으로 성격을 부여받았던 반 헬싱의 캐릭터는 훗날 20세기 이후의 뱀파이어 영화에서 대표적인 뱀파이어 헌터로, 몬스터인 뱀파이어보다 더욱 두드러지게 그려진다.

감독으로도 잘 알려진 쿠엔틴 타란티노(Quentin Tarantino)가 각본을 쓰고 로베르토 로드리게즈(Robert Rodriguez)가 메가폰을 잡았던 1996년 작 「황혼에서 새벽까지 From Dusk Till Dawn」에서는 잘생기고 매력적인 뱀파이어 헌터와 뱀파이어 떼의 한판 승부를 다루고 있다. 문신이 새겨진 근육질의 팔로 뱀파이어에게 총구를 겨누는 은행털이범 세스의 역할은 이후 할리우드 최고의 미남 배우로 떠오른 조지 클루니(George Clooney)가 맡아 열연했다. 일 대 다의 결투에서 위기를 모면하고 승리하여 영웅으로 거듭나는 세스를 통해 관객들은 호러 영화를 본다기보다는 액션 영화를 보는 듯한 박진감을 느끼기 마련이다.

인류를 악당들의 손아귀에서 구해낸다는 식의 영웅 만들기 스토리에 주력한 미국의 만화 전문 출판사 마블 코믹스(Marvel Comics)에서는 슈퍼맨, 배트맨, 스파이더맨과 같은 호모슈퍼리얼(homosuperial)들을 탄생시켰다. 훗날 영화 및 게임으로 제작되어 속편에 속편을 거듭하는 '맨 류' 영화의 열풍에 반 헬싱의 캐릭터도 합류하게 된다. 실제 삶에서 개인을 괴롭히는 추상적인 방해물들이 영화 속에서는 악당이라는 구체적인 피조물로 응축돼 나타난다. 이제 관객들은 우리의 삶을 방해하거나 파괴할 것 같은 공공의 적을 물리칠 수 있는 영웅이나 투사를 원하게 된다.

스티븐 노링턴(Stephen Norrington) 감독은 4천 년간 뱀파이어 제국을 건설하려 음모를 짜온 뱀파이어를 막고 인류를 구원할 수 있는 전사로「데몰리션맨 Demolition Man」등 다수의 액션 및 SF 영화를 통해 잘 알려진 배우 웨슬리 스나입스(Wesley Snipes)를 택했다. 기존의 노익장을 과시하던 지식형 반 헬싱 박사와 달리, 웨슬리 스나입스가 분한 블레이드(Blade)는 완벽한 육체미와 무기로 승부하는 액션형이다. 1998년에 개봉된「블레이드」가 흥행에 성공함으로써 이후 2002년에 2편, 2004년에 3편이 연달아 출시됐다.

「블레이드」에 등장하는 뱀파이어 헌터 웨슬리 스나입스는 이제까지의 뱀파이어 헌터와 달리 건장한 흑인이라는 점 외에도, 극 중의 캐릭터가 반은 뱀파이어, 반은 인간인 기구한 운명의 혼혈 뱀파이어란 특징을 갖는다. 예로부터 '피'는 단순히 물(H_2O)이라기 보다 인간의 영기체와 지식이 담겨있는 생명의 정수로 여겨져 왔다. 그래서 몇 세대를 두고 다양한 사람들의 영기체인 피를 흡수한 뱀파이어가 늘 보통 인간 이상의 지적인 존재로 그려지는 것이며, 순수한 인간이나 순수한 뱀파이어보다 인간과 뱀파이어가 혼융된 존재가 훨씬 더 강력하게 묘사되는 이유가 바로 여기에 있다.

인간 대 뱀파이어의 뻔한 대결 구도와 권선징악적 결론이 관객들 사이에서 식상해지자, 뱀파이어 영화는 좀더 다양한 대결 구도를 시도한다. 뱀파이어 헌터의 다양한 캐릭터는 유럽이나 미국이 아닌, 아시아의 작은 섬나라 일본에서 활발하게 탄생한다. 본래 섬나라의 특성상 섬뜩한 귀신담에 관심이 많은데다가 외국의 문화를 받아들이는 데에 전혀 거리낌이 없었던 일본에서는 영화는 물론 애니메이션, 게임 등을 통해서 뱀파이어의 본토에서보다 더 다이내믹한 캐릭터들을 만들어 냈다.

2000년에 제작된 가와지리 요시아키 감독의 극장판 애니메이션 「뱀파이어 헌터 D Vampire Hunter D: Bloodlust」는 SF 작가인 기쿠치 히데유키의 동명 베스트셀러 소설을 애니메이션화 한 작품이다. 본래 1985년에 동명의 극장판 애니메이션으로 재작된 바 있는 이 영화는 2000년에 세계시장을 겨냥해 새롭게 만들어졌다.

이 작품은 폐허가 되어버린 미래 사회에 퇴폐적인 중세의 시간을 끌어들이고 있는데, 뱀파이어라는 지극히 서양적인 괴물을 일본의 무사적인 잔인함과 고독함으로 무장한 뱀파이어 헌터 D가 처치하는 것이 주된 내용이다. 시간적으로는 과거와 미래, 공간적으로는 서양과 동양이라는 이질적인 배경을 인간도 뱀파이어도 아닌 D라는 인물 안에 담고 있다. 인간이기도 하면서 뱀파이어이기도 한, 동시에 인간도 뱀파이어도 아닌 '던필', 즉 D라는 인물의 설정은 세상의 모든 가치를 데카르트적인 명제로 명쾌하게 풀 수 없다고 생각하는 현대 철학의

한 흐름인 '경계 허물기'와도 일맥상통하는 면이 있다.

　뱀파이어이면서 뱀파이어를 사냥하는 이율배반적인 캐릭터는 '2000년 부산 국제 판타스틱 애니메이션 페스티벌(Fanta-Ani2000)'에서 선보인 오시이 마모루 기획, 기타쿠보 히로유키 감독의 극장판 애니메이션 「블러드-마지막 뱀파이어 Blood-The Last Vampire」에서도 등장한다. 일본 여학교 특유의 세일러복을 입고 일본도를 휘두르는 냉혈 뱀파이어이자 뱀파이어 헌터인 사야는 뱀파이어를 제거할 수 있는 힘을 가진 유일한 '오리지널'이다.

　영화의 마지막 부분에서 얼핏 비춰지는 전쟁 장면에서 짐작할 수 있듯이 이 영화는 "서로 죽이고 싸우는 인간들이 곧 뱀파이어다."라는 메시지를 전달하려 하며, 이를 위해 1966년의 일본 내 미군기지라는 암울하고 을씨년스런 배경을 100% 디지털 기술로 구축해냈다. 50분짜리 영화에서는 확연하게 드러내지 못했던 이러한 메시지가, 뒤이어 발간된 오시이 마모루의 동명 소설 『야수들의 밤 Blood-The Last Vampire』에서 분명하게 드러난다.

　뱀파이어의 영원한 숙적인 반 헬싱의 이름은 이제 뱀파이어 사냥단의 대명사로 쓰이기도 한다. 코우타 히라노 원작, 우라타 야스노리 감독의 TV판 애니메이션 「헬싱 Helsing」에서 '헬싱'이란 영국 왕립국교 기사단으로, 세계 곳곳에서 흡혈을 일삼는 반그리스도교적 뱀파이어들을 제거하는 임무를 띠고 있다. 헬싱 기관의 최고 요원은 역시 뱀파이어인 아카드. 그는

인테그랄 윈게이츠 헬싱을
마스터로 모시고, 자신의
종족인 뱀파이어들을 사냥
한다. "아침 해를 외면하고
밤에 걷기 시작한 자에게,
햇빛은 두 번 다시 비치지
않는다."라는 명언을 읊조
리기도 하는 아카드는 자
줏빛 바바리를 휘날리며
하얀 살인 미소를 띠고, 란
체스터 대성당의 은 십자

애니메이션 「블러드-마지막 뱀파이어(2000)」.

가를 녹여 만든 폭열 철망탄으로 뱀파이어들을 일망타진한다.

영국 본토에서 멀리 떨어진 섬나라 일본에서 제작된 탓인
지, 원작 만화인 『헬싱』에서는 바티칸 특무국 제13과라는 구
교의 뱀파이어 전멸 기관과 악마를 죽이는 폭력적인 안데르센
신부를 내세우는 등 오히려 종교나 역사 같은 첨예한 문제들
을 아무렇지도 않게 다루고 있다. 원작 만화에서는 피가 홍건
하고 팔다리가 잘려나가는 잔혹미가 강조된 데 비해서 TV판
애니메이션에서는 주로 아카드의 카리스마적 면모에 포커스
를 맞추는 것으로 잔혹미를 대신하고 있다.

21세기의 몬스터 컬렉션

몬스터 올록 백작, 미남형 드라큘라 백작에서 건장한 흑인

뱀파이어이자 뱀파이어 사냥꾼 블레이드, 평범한 학생을 가장한 금발의 뱀파이어 헌터 버피에 이르기까지, 이제 뱀파이어와 그를 둘러싼 이야기들은 그 밑천이 바닥났다고 해도 과언이 아닐 만큼 다양하게 활용됐다. 그럼에도 불구하고 뱀파이어와 관련된 영화들은 끊임없이 새롭게 제작되고 있으며, 관객들은 익숙한 소재이면서도 색다른 뱀파이어 이야기를 보기 위해 극장으로 몰려든다.

그러나 21세기의 관객들은 결코 전시대의 관객들처럼 단순히 토드 브라우닝의 드라큘라 식의 살인 미소에 단체로 쓰러지지도 않고, 테렌스 피셔 식의 피 몇 방울에 꿈쩍도 하지 않는다. 오히려 뭔가 새로운 것이 더해지지 않으면 야유를 보낸다.

그러면서도 그들의 여전히 거대한 세계와 대항할 때마다 늘 패배하거나 무시될 수밖에 없는 약자인 개인이기도 하다. 극장 문을 들어서는 순간, 관객들은 무의식중에 개인에 의해 세계가 전복되거나 혹은 세계가 개인을 추앙하는 고전적 이야기를 원하기도 한다. 이처럼 멀티플렉스 극장을 채우고 있는 다양한 관객들은 그들의 직업만큼이나 다양한 요구 조건을 제시하기 마련이다. 다양한 취향의 관객을 만족시키기 위해서는 영화 속의 뱀파이어 또한 고전미를 고수하는 가운데 변모하지 않으면 안 된다. 21세기에 제작되고 있는 뱀파이어 영화들이 일명 '몬스터 종합선물세트'나 '몬스터 놀이공원'의 컨셉을 갖고 있는 이유가 바로 여기에 있다.

뱀파이어 영화도 더 이상 반 헬싱처럼 뱀파이어 이야기를 구성하는 캐릭터들 중 일부를 부각시키거나 활용하는 식으로 이야기를 확대시키는 것만으로는 부족했다. 소설이나 만화에서 본 캐릭터를 영화에서, 다시 게임에서 보고 싶어 하는 관객들은 장르에서 뿐만 아니라, 내용적으로도 경계가 허물어지는 이야기를 원했다. 가령 미국 만화 출판사 마블스(Marvel)의 간판 인물인 "엑스 맨과 스파이더 맨이 싸우면 누가 이길까?"와 같은 식의 물음에 대해서 이미 일본의 게임회사 캡콤(Capcom)은 게임의 형식으로 독자로 하여금 능동적으로 그 답을 찾도록 유도한 바 있다.

렌 와이즈먼(Len Wiseman) 감독의 2003년 영화 「언더월드 The Underworld」는 서양의 대표적인 몬스터인 뱀파이어와 늑대인간 사이의 대결을 다루고 있다. 달이 뜨면 변신을 하며 희생자를 물어 죽인다는 공통점을 갖고 있어서 그 조상이 하나라는 추측을 낳게 하는 뱀파이어족과 늑대인간인 라이칸족이 600년간 전쟁을 계속해 왔다는 새로운 설정 속에서 배신과 암투, 삼각관계, 신분을 초월한 사랑과 같은 고전적 주제들이 이야기를 이끌어간다.

이 영화에서 뱀파이어족은 고딕식의 으리으리한 빅터의 성에서 기거하면서 매일같이 퇴폐적이며 쾌락적인 파티를 즐긴다. 반면에 루시안이 이끄는 늑대인간 라이칸족은 누더기 같은 옷을 걸치고 지하 벙커에서 생활하면서 호시탐탐 뱀파이어족을 무너뜨리고 재기할 기회를 노린다. 이들은 헝가리의 전사 코비너스의 직속 후계자인 마이클을 사이에 두고 전쟁을 벌인다.

영화의 진수는 뱀파이어나 늑대인간 자체에 있다기보다는 흥겨운 메탈 음악 속에서 펼쳐지는 박진감 넘치는 한바탕 액션에서 찾을 수 있다. 뱀파이어와 늑대인간의 초능력이란 단순히 신식 무기의 일종으로 치부될 뿐이다. 혈관에 바로 침투하도록 고안된 질산은으로 만든 총알, 햇빛을 원료로 만든 총알만 있으면 삶과 죽음의 경계를 오가던 뱀파이어나 늑대인간도 제거할 수 있다. 현란한 컴퓨터 그래픽을 배경으로 가죽옷과 검은 단발을 휘날리면서 쌍권총을 쏘는 뱀파이어 셀린느의 모습은 영락없는 「매트릭스 Matrix」의 여전사 트리니티(Trinity)의 모습이다.

그러나 관객들은 늑대인간과 뱀파이어의 대결만으로는 만족하지 못했다. 발달할 대로 발달한 컴퓨터 기술을 활용해서 더 많은 호모슈퍼리얼과 몬스터들을 한 자리에 모으면 무슨 일이 벌어질까에 대해 상상하기 시작했기 때문이다. 「블레이드」의 영웅적인 뱀파이어로 이미 흥행의 묘미를 맛봤던 스티븐 노링턴(Stephen Norrington) 감독은 이런 관객의 구미를 재빨리 간파하고, 시공간을 초월한 세기적인 영웅과 몬스터 7명을 모아 2003년 「젠틀맨 리그 The League of Extraordinary Gentlemen」를 급조했다.

세계를 손아귀에 넣으려는 악당 '팬텀'의 계획을 무마시키기 위해 떠나는 모험을 다룬 1985년도 영화 「킹 솔로몬 King solomon's Mines」에 등장했던 '알란 쿼터메인'을 리더로, 프랑스의 모험소설가 쥘 베른(Jules Berns)의 『해저 2만 리 *Vingt mille lieues sous les mers*』의 선장 '네모', 영국의 웰스(H. G. Wells)의 SF 소설 『투명인간 *Invisible Man*』의 '로드니 스키너', 브람 스토커의 『드라큘라』에 등장하던 '미나 하커', 영국의 로버트 스티븐슨(Robert Stevenson)의 1886년작 『지킬 박사와 하이드 *The Strange case of Dr. Jekyll and Mr. Hyde*』에 등장하는 '지킬 박사 겸 하이드', 아일랜드 작가인 오스카 와일드(Oscar Wilde)의 대표작 『도리언 그레이의 초상 *The Picture of Dorian Gray*』에서 영혼을 파는 대신 영원한 젊음을 얻은 불사신 '도리언', 여기에 마지막으로 미국의 비밀요원으로 '톰소여'까지 한 자리에 모았다. 그야말로 환상문학(Fantastic Literature)과 SF 영화 팬들을 위한 종합선물세트라고 해도 과언이 아닌 조합이다.

이 영화는 역사상 최고의 캐릭터들을 모아 놓았음에도 불구하고, 왠지 관객들의 반응은 신통치가 못했다. 유럽의 고풍스러운 세트를 그대로 재현해 놓았지만, 이 안에서 움직이는 7명의 캐릭터들이 각각 고유한 매력을 한껏 발산하지 못하고 블록버스터의 일개 액션 장치로 전락했기 때문이다.

21세기에 개봉되는 뱀파이어 영화들이 하나같이 관객과 평자들로부터 쓴 소리를 듣고 있던 중에 이미 '미라(The Mummy)' 시리즈로 이름을 높였던 스티븐 소머즈(Stephen Sommers) 감독의 2004년 개봉작 「반 헬싱 Van Helsing」이 여름 극장가와 뱀파이어에게 도전장을 내밀었다. 지상의 악을 소탕하는 임무를 맡고 있는 젊고 건강한 미남 반 헬싱은 바티칸의 명령에 따라 4백 년 만에 부활을 꿈꾸는 드라큘라 백작을 저지하기 위해 트란실바니아로 떠난다. 「엑스맨 X-Men」 시리즈로 이미 우리 뇌리에 호모슈퍼리얼이자 영웅으로 각인된 휴 잭맨(Hugh Jackman)이 반 헬싱의 역할을 맡았다. 반 헬싱을 도와 뱀파이어를 물리치는 매혹적인 여전사 안나 공주의 역할에는 「언더월드」에서 푸른색 눈에 가죽옷을 입고 활보하던 매력적인 뱀파이어였던 케이트 베킨세일(Kate Beckinsale)이 맡았다.

이처럼 기존의 영화들에서 굳어진 배우의 강렬한 이미지를 차용하는 한편, 「젠틀맨리그」와 마찬가지로 프랑켄슈타인, 늑대인간, 미스터 하이드 등 역사 속의 다양한 몬스터들을 집결시킨다. 마치 디즈니랜드의 롤러코스터를 타는 듯한 느낌을 관객에게 선사하는 이 작품 역시 여름 극장가를 겨냥한 깜짝 종합선물세트와 같다. 호러와 판타지, 액션이 한데 어우러진 가운데 다양한 몬스터들이 뒤범벅되어 한 스크린에 담겨 있기 때문이다. 21세기를 살아가는 우리는 당분간 이와 같은 몬스터 컬렉션의 일부로 뱀파이어를 만나게 될 전망이다.

뱀파이어의 낭만적 부활

"사라지지 않는 것도 있어요. 어떤 것들은 황혼녘의 그늘
에 숨어 살며 모시는 거죠······'그'를."
　　　　　　　　　　　－ 스티븐 킹(Stephen King)의 소설
　　　　　　　　　　　　「예루살렘 롯 Jerusalem's Lot」 중에서

　영화가 등장하기 이전에 대중의 사랑을 한 몸에 받았던 이
야기 양식은 다름 아닌 소설이었다. 21세기 뱀파이어 영화의
본거지가 미국 할리우드라면, 드라큘라 소설의 본거지로는 영
국을 들 수 있다. 영국의 엘리트들은 산업혁명 이후에 이국적
인 것, 충격적인 것에 지나치게 집착하는 현상을 보였다. 그 결
과 18세기 중엽에서 19세기 초에 걸쳐 호레이스 월폴(Horace

Walpole)로 대표되는 '고딕소설(Gothic Novel)'이 유행했다. 고딕소설은 중세의 고딕식 고성을 배경으로 민간인들 사이에 떠돌던 수수께끼와 괴기담을 근대의 이야기 양식인 소설로 부활시킨 것이다.

루마니아에 근거를 두고 있는 뱀파이어 전설은 당시 예술가들에게 영감을 불러일으키기에 완벽한 조건을 갖춘 소재였음이 분명하다. 동유럽이라는 이국적 배경, 그리고 삶과 죽음의 경계를 넘나드는 초자연적 존재 뱀파이어, 자칫 말 안 듣는 어린 아이들을 울리기 위한 이야깃거리에 머무를 수도 있었던 뱀파이어는 소설이라는 새로운 양식을 통해서 대중들 사이에서 낭만적이고도 화려하게 부활하게 된 것이다.

18세기 유럽 전역에 산업혁명과 계몽주의의 물결이 퍼지면서 중세의 유명세를 떨치던 온갖 악마들이 잠시 설 곳을 잃는 듯도 싶었다. 철도나 가스와 같은 기술이 악마의 마술보다 훨씬 경이로운 현상이었기 때문이다. 사람들은 과학적이고도 체계적인 논리에 의거해서 모든 현상을 해석하고 믿고자 했다. 그 결과 영원히 죽지 않고 사는 뱀파이어와 같은 존재들은 허무맹랑한 미신의 잔재로 전락하고 말았다.

그러나 현실에 만족하지 않고 일탈을 꿈꾸는 예술의 입장에서 봤을 때, 자로 재고 칼로 자른 듯한 과학기술과 계몽주의가 인간을 압도하는 당시의 현상은 분명 문제가 있었다. 점차 예술가들은 논리적인 것에 반대되는 초자연적인 것에 관심을 갖고, 잊혀져 가던 중세의 악마들을 낭만적으로 부활시킨다.

그리고 그 중앙에 불사의 뱀파이어가 있었다.

폴리도리의 뱀파이어 발굴 작업

뱀파이어를 다룬 소설, 하면 대다수의 사람들은 브람 스토커(Bram Stoker)의 『드라큘라 *Dracula*』를 가장 먼저 떠올릴 것이다. 물론 브람 스토커의 작품은 입에서 입으로 전해지던 뱀파이어의 존재를 문학작품 속의 주인공인 '드라큘라'로 승화시키고 대중화하는 데에 지대한 공헌을 했다. 20세기에 앞 다투어 제작된 뱀파이어 관련 영화들이 모두 브람 스토커의 작품을 최고의 교과서로 삼은 것만 봐도 알 수 있듯이, 이후 브람 스토커의 『드라큘라』는 뱀파이어계의 성전으로 추앙받아 왔다. 그러나 브람 스토커의 『드라큘라』는 어느 날 갑자기, 브람 스토커만의 창조력과 상상력으로 인해 탄생된 것은 아니다. 브람 스토커 이전에도 다양한 뱀파이어 소설들이 있어 왔다.

설화 속에 묻혀져서 입에서 입으로 전해오던 뱀파이어를 활자로 끄집어내어서 부활시킨 최초의 작가로는 영국의 존 폴리도리(John Polidori)를 들 수 있다.

폴리도리는 의대생으로서 촉망받는 젊은 의사였지만, 개인병원을 차리기에는 너무 어린데다가 자금 또한 여의치 않은 상태였기 때문에 개인 주치의가 되는 것으로 일을 시작했다. 그는 당대의 이름난 시인 바이런(Byron)의 주치의가 되었고,

『드라큘라』로 널리 알려진 브람 스토커(좌)와
전설 속의 뱀파이어를 활자로 부활시킨 최초의 작가 존 폴리도리(우).

그와 동행하여 1816년에 이탈리아, 스위스 등지로 유럽 여행
을 떠났다.

여행 도중 스위스 제네바 근교의 빌라 디도다티(Villa Diodati)
에서 폴리도리 일행은 작가 메리 셸리(Mary Shelly)와 그의 남
편을 만났다. 폭풍우가 몰아치던 밤, 그들은 한데 모여 당시
유행하던 독일 괴기담에 대해 이야기를 주고받던 중 자신들이
직접 서스펜스 넘치는 소설을 써 보자는 제안을 하게 된다.

그러나 여행 직후 폴리도리는 무자비하고 변덕이 심하던
바이런으로부터 해고를 당하게 된다. 1817년 영국으로 돌아온
폴리도리는 다시 의대로 돌아가려 했지만 뜻대로 되지 못한
다. 그는 바이런의 그늘에서 벗어나 자신만의 작품을 쓰기로
결심하고 「뱀파이어 The Vampyre-A tale」라는 소설을 통해서
공포스러우면서도 매력적인 캐릭터 '루스벤 경(Lord Ruthven)'

을 창조해 낸다.

훗날 비평가들에 의하면, 폴리도리의 소설에 등장하는 냉혈한 루스벤 경의 캐릭터는 바이런과 많이 닮아 있다고 한다. 잘생긴 얼굴이지만 한편으로는 창백하고, 카사노바와 같이 여자를 후리는 솜씨며, 일단 여자가 자신을 사랑하게 되면 무자비하게 버리는 태도 등이 모두 영락없이 냉소적인 난봉꾼이었던 바이런을 닮았다는 것이다.

그러나 폴리도리의 작품은 당시 발표될 때 아이러니컬하게도 바이런의 작품으로 공표되고 말았다. 약삭빠른 『뉴 먼슬리 매거진 *New Monthly Magazine*』의 편집자가 1819년 4월호에 이 작품을 당시 저명한 작가였던 바이런의 이름으로 실은 것이다. 흥미진진한 이야기의 구조와 바이런의 이름값 덕분에 이 작품은 쇄에 쇄를 거듭해서 출간됐다. 이후 두 번째 판본에서부터 실제 작가인 폴리도리의 이름으로 발간됐지만, 이미 사람들의 뇌리에는 '바이런의 뱀파이어'가 깊게 박힌 뒤였다. 결국 폴리도리는 사후에야 제대로 된 명성을 얻게 됐다.

폴리도리의 「뱀파이어」가 당시 센세이션을 일으켰던 가장 큰 이유는 바로 뱀파이어인 '루스벤 경'의 캐릭터 때문이었다. 보통 설화에 등장한 뱀파이어는 혐오스럽고 끔찍한 괴물로 묘사되어 왔지만, 폴리도리가 그려낸 루스벤은 좀 달랐다. 물론 그도 기본적으로는 인간의 피를 탐하는 사악한 악마임에는 분명하다. 그러나 그 이면에는 너무나 박식하고 매혹적인 '영국신사'의 전형적인 모습이 담겨 있었다. 이야기의 배경은 런던으로, 고아가 된 오브리(Aubrey)란 천진난만한 젊은이가 루스벤 경의 주의를 끌게 되면서 시작된다. 루스벤 경은 특유의 내력을 한껏 발휘해서 오브리의 애인인 이안데(Ianthe)를 탐한 뒤 죽이고, 이어서 오브리의 여동생까지 노린다. 그러나 오브리는 그리스 여행 도중에 강도에게 살해된 루스벤 경이 달빛 아래 다시 살아나는 것을 보고, 그가 뱀파이어임을 알게 된다. 오브리는 여동생을 지키려고 안간힘을 썼지만, "그러나 그들이 도착했을 때는 이미 늦었다. 루스벤 경은 사라지고 없었다. 오브리의 여동생은 이미 뱀파이어(Vampire)의 갈증을 채워주고 말았던 것이다."로 소설은 끝을 맺고 있다. 권선징악적 결말을 유도하는 당대의 소설과 달리 이 소설은 뱀파이어가 승리하고 인간이 패배한다는 결론을 통해 독자로 하여금 공포감을 느끼도록 유도하고 있다.

사악함과 아름다움을 동시에 겸비한 루스벤 경의 캐릭터는 훗날 뱀파이어 소설을 쓰는 작가들에게 지대한 영향을 끼친다. 브람 스토커의 '드라큘라 백작'도 루스벤 경의 영향 아래 탄생한 캐릭터 중 하나이다.

폴리도리 소설의 인기는 이후 대륙으로 건너가 연극 상연으로까지 이어진다. 프랑스의 찰스 노디에(Charles Nodier)가 이 소설을 「뱀파이어 Le Vampire」란 제목으로 극장에 올린 이래, 1851년에는 알렉상드르 뒤마(Alexander Dumas)에 의해 5막으로 개작된 같은 제목의 연극이 성황리에 상연되기도 하는 등, 폴리도리의 소설은 이후 뱀파이어를 다룬 소설과 연극에 지대한 영향을 미쳤다.

포의 그로테스크하고 아라베스크한 이야기

뱀파이어의 부활에는 비단 폴리도리의 공만 있었던 것은 아니다. 다양한 국적의 작가들이 나름의 작품 세계 안에서 뱀파이어들을 화려하게 부활시켰다.

'뱀파이어'라는 단어를 직접적으로 언급하고 있지는 않지만, 이와 유사한 분위기를 고조시킨 대표적인 작가로는 근대 환상문학의 거장으로 불리는 에드가 앨런 포(Edgar Allan Poe)를 들 수 있다. 특히 죽음에 대한 막연한 공포를 집중적으로 연구했던 그는 19세기 전반기에 미국에서 주로 활동했는데, 프랑스에는 시인 보들레르(Charles Pierre Baudelaire)에 의해 소개되었다.

포는 「때 이른 매장 Premature Burial」을 비롯하여 「리지아 Liegia」「모렐라 Morella」「베레니스 Berenice」 등의 소설에서 죽은 후 다시 살아나는 뱀파이어 성향의 주인공들을 다루고 있다. 「때 이른 매장」에서는 당시 실수로 생매장 된 후, 다시 살아난 시체들의 기록을 다루고 있다. 이 작품에서는 "참을 수 없는 폐의 압박, 축축한 흙의 숨 막히는 냄새, 칠흑 같은 밤의 어두움, 가라앉은 바다와 같은 침묵"과 같은 분위기를 통해서 삶과 죽음의 경계가 얼마나 모호한가를 이야기하고 있다.

「리지아」「모렐라」「베레니스」는 모두 여인을 주인공으로 설정하고 있다. 리지아는 윤리학, 물리학, 수학 등 모든 분야에 걸쳐 매우 박식하고 아름답기까지 한 여인으로 묘사되어 있다. 그녀의 아름다움은 "아편 같은 꿈의 광휘였으며 선잠을 자는 델로스의 딸들의 영혼을 선회하는 환상보다 더 신성한 정신을 순화시키는 환영"이었다. 소설 속의 화자는 그녀가 죽은 후 다른 여자로 새롭게 환생했다는 정신착란을 겪는다. 「모렐라」에서 소설 속 화자는 여인이 죽어서 낳은 아이를 통해서 이 같은 환생이 이루어진다고 여긴다. 모렐라 또한 리지아와 마찬가지로 매우 박식한 것으로 설정되어 있다. 그녀는 "나는 죽지만 살 것입니다."라는 암시를 남긴 채 아이를 낳고 죽는데, 화자는 이 아이를 통해서 죽은 모렐라를 느끼게 된다. 「베레니스」의 경우에는, 소설 속의 화자가 네크로필리아(Necrophillia)에 가까운 시신 훼손을 소재로 다루고 있다. 소설 속의 화자는 여인의 상아색으로 빛나는 치아를 탐낸 나머지 시신에서 이빨들을 뽑아낸다.

이처럼 포의 소설들은 단순히 살아 돌아온 뱀파이어를 소재로 삼았다기보다는, 소설 속의 1인칭 화자를 내세워 삶과 죽음에 대해 고민하는 화자의 고뇌와, 죽음이라는 공포를 들여다봐야 하는 인간 내면의 히스테릭한 면을 날카롭게 그려내고 있다.

300여 편이 넘는 단편소설을 쓴 프랑스의 기 드 모파상(Guy de Maupassant) 또한 포와 마찬가지로 분열된 의식으로부터 발생하는 공포를 뱀파이어로 묘사했다. 1887년에 출판된 「오를라 Le Horla」에서는 주로 초상, 거울, 분신 등에 대한 강박관념을 갖고 있는 1인칭의 화자가 브라질로부터 발생한 보이지 않는 뱀파이어에 점점 빠져 미쳐가고 있다고 고백하는 형식으로 되어 있다. 실제로 모파상 자신이 매독으로 심각한 정신질환을 겪은 바 있었으며, 결국 1891년에 정신병원에서 여생을 마치기도 했다.

포를 프랑스에 소개했던 시인 보들레르 자신도 뱀파이어에 관한 시를 썼다. 당시 프랑스에서는 영국의 고딕소설과 마찬가지로 '흑소설(Roman-Noir)'과 같은 낭만주의적 입장에서 악을 다루는 문학들이 유행하고 있었다. 이러한 문학 작품에서 가장 빈번하게 등장하는 주제란 겉으로는 선하고 합리적인 척하는 존재 이면에 가려진 도덕적인 결함이나 사디즘, 성적 광란 등 초자연적인 존재의 공포스러움이었다.

보들레르는 "악마에게 있어 최고의 계략은 그가 존재하지 않는다는 확신을 우리에게 갖게 하는 것이다."라고 공포의 이유를 규명하고자 했다. 보들레르는 시 안에서 시적 자아를 유혹하고 악의 구렁텅이에 빠뜨리는 공포의 실체를 '뱀파이어'로 구체화 시키고 있다. 1857년에 발표한 시 「뱀파이어 Le vampire」와 「뱀파이어의 변신 Les metamorphoses du vampire」에서는 각각 "머저리야! 만약 우리 애써 / 널 그년 질곡에서 해방시킨다면 / 네 입맞춤으로 네 뱀파이어의 / 송장을 되살려 놓을 게다!"라든지, "그녀가 내 뼈마다 온통 골수를 빨아내고 / 내가 사랑의 키스를 돌려주려 나른한 몸을 / 저 쪽으로 돌렸을 때, 눈에 띈 것은 / 오직 고름으로 꽉 찬 끈적끈적한 가죽 포대 뿐"과 같은 적나라한 표현을 통해서 타락한 여성을 뱀파이어와 같은 유혹적인 존재로 묘사하고 있다.

르 파누의 팜므 파탈

예술 작품에서 여성을 치명적인 유혹의 존재인 팜므 파탈(femme fatale)로 묘사하는 남성 작가들의 전통은 그리스 로마 신화의 라미아와 릴리트 이래 계속되어 왔었다. 뱀파이어의 주제에 있어서도 예외는 아니었다. 지적으로 충만한 폴리도리의 루스벤 경이 남성 뱀파이어를 대표한다면, 아름답고 매혹적인 카르밀라(Carmilla)는 여성 뱀파이어를 대표할 만하다.

아일랜드 출신의 작가 셰리던 르 파누(Sheridan Le Fanu)는 프로테스탄트인 위그노(Huguenot) 집안에서 태어났지만 아일랜드의 설화에 등장하는 초자연적인 존재에 관심이 많았다. 트리니티 대학(Trinity College)에서 수학한 후, 신문사 등에서 일하면서 그는 1845년부터 1873년 사이에 총 14편의 소설을 발표했다. 그 중에서 가장 유명한 것이 바로 여자 뱀파이어를 소재로 다룬 1872년 작 『카르밀라 Carmilla』이다.

단편소설 『카르밀라』는 고딕소설 특유의 기괴하면서도 음산한 성을 배경으로 삼고 있다. 이 소설은 뱀파이어의 희생자인 '로라(Laura)'의 회상으로 시작된다. 그녀는 예전부터 밤이 되면 한 여인이 목에 상처를 내는 악몽에 시달려 왔다. 12년

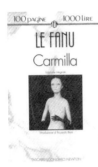

『카르밀라』의 표지와 그안에 담긴 삽화.

후 로라는 우연히 사륜마차의 전복 사고에서 한 아름답고 젊은 여인을 구해주는데, 그녀가 바로 카르밀라였다. 그 여인은 로라의 꿈에 등장하는 여인과 비슷했으며, 1698년에 그려져서 로라의 집에 걸려있던 미칼라 칸스타인(Mircalla Karnstein) 백작 부인의 초상화와도 흡사했다. 이후 두 사람은 친밀한 관계를 맺게 되는데, 이때 가해자인 카르밀라와 희생자인 로라의 관계가 매혹적이고 에로틱하게 그려진다. 로라와 카르밀라의 긴밀한 관계는 훗날 로저 바딤(Roger Vadim) 감독의 영화 등 필름으로 옮겨지면서 미묘한 레즈비언 간의 관계로 부각되기도 한다.

카르밀라와의 관계가 긴밀해지면 질수록 로라는 아무 이유 없이 점점 쇠약해지고 창백해져 간다. 로라가 생명의 위협을 받을 정도로 건강이 악화되었을 때, 한 장군이 로라의 집을 방문하게 된다. 그 장군은 자신의 딸을 '밀라카(Millarca)'라고 하는 여귀에게 빼앗기고 말았다고 토로하는데, 그 밀라카가 바로 카르밀라였던 것이다. 카르밀라의 이름을 구성하고 있는 알파벳을 역으로 재구성하면 바로 밀라카가 된다. 결국 카르밀라가 뱀파이어라는 사실이 밝혀지면서 카르밀라는 화형을 당하고, 그녀의 아름답던 성 또한 폐허가 되고 만다.

그러나 소설의 결말을 통해서 독자는 악의 실체가 드러나고 징벌을 받는 권선징악적 완결성보다는 왠지 알 수 없는 미묘한 공포감을 느끼게 된다. "나는 가끔 백일몽에서, 카르밀라가 문을 열고 들어오는 소리를 희미하게 듣는 듯한 상상을 하곤 한다."라는 로라의 독백 속에 묻어나오는 끝나지 않고 순환하는 공포의 존재를 어렴풋이 짐작할 수 있기 때문이다.

훗날 카르밀라의 캐릭터는 영화를 통해서 죽음도 불사할 만큼 달콤한 유혹의 존재로 묘사되기도 한다. 뱀파이어 영화에 감초처럼 등장하는 미녀 뱀파이어의 존재가 바로 여기서 비롯된 것이다.

브람 스토커의 집대성

폴리도리의 뱀파이어나 르 파누의 카르밀라 등 다양한 진화 단계를 거쳐서 브람 스토커의 『드라큘라』에 이르면, 뱀파이어 이야기는 어느 정도 일정한 법칙성을 갖추게 된다. 입에서 입으로 전해지는 설화와 역사 속에서 뱀파이어의 사건들을 한데 모아 당대의 실정에 맞게 소설적으로 형상화하여 "이것이 뱀파이어다."라고 개념 규정을 내린 분기점이 브람 스토커의 『드라큘라』라고 할 수 있기 때문이다.

더블린(Dublin) 출생의 브람 스토커는 어린 시절 몸이 약한 아이여서 늘 침대 신세를 져야만 했다. 이때 어머니가 머리맡에서 들려준 아일랜드의 귀신 이야기들이 훗날 '드라큘라'를 탄생시키는 데 밑거름이 됐다. 이후 트리니티 대학(Trinity College)에서 수학한 후, 연극배우 헨리 어빙(Henry Irving)의 비서로 재직하면서 틈틈이 소설을 쓰던 스토커는 1890년 민속학에 정통했던 뱀버리(Arminius Vambery)를 만나서 동유럽의 뱀파이어 설화에 대해서 듣고, 이국적이면서도 동시대적인 드라큘라 백작에 대한 착상을 얻게 된다. 소설 속에서 뱀파이어를 연구하는 학자 반 헬싱의 모델이 바로 이 뱀버리 교수라는 해석도 있다.

이전의 뱀파이어 소설들이 몽환적이고 초자연적인 공포 분위기를 창출하는 데에 주력했다면, 브람 스토커의 소설은 내용에서부터 형식에 이르기까지 객관성을 유지하기 위한 노력을 아끼지 않았다. 소설의 서문에서 "후대에는 잘 믿어지지 않을 이야기인지라, 불필요한 사건들을 삭제해서 순전한 사실의 기록으로 남을 수 있도록 했다."라고 전언하고 있는 바와 같이, 민간에 떠돌던 설화와 역사적 사실들을 편지, 일기, 산문 등의 기록 형식으로 제시하고 있다. 신문기사, 전보, 메모, 보고서, 일기 등 기록되거나 필사된 다양한 지면을 통해서 오직 드라큘라 한 사람만을 제외하고 모든 등장인물들이 발언의 기회를 갖고 있다. 이러한 장치들은 실제가 아닌 이야기를 실제처럼 보이도록 하지만, 결국은 다시 허구로 돌아간다는 점을 이용해서, 순간적으로 독자에게 믿음을 주어 소설에 몰입시킨 후 다시 현실로 복귀시키는 역할을 한다.

한편 매력적인 캐릭터인 드라큘라 백작은 유럽의 설화와 역사에서 찾아볼 수 있는 악령과 귀신들 중에서 가장 흥미로운 부분들만을 모아 재조립한 일종의 '아상블라쥬(assemblage)'이다. 늑대인간(Werewolf)의 설화에서 송곳니의 흔적을 빌려오고, 그림자나 상은 영혼의 상징이기에 드라큘라는 거울에 비치지 않는다는 설정을 했으며, 하루에 최대 10cc의 피를 빨아먹는 중남미 흡혈박쥐의 성향을 염두에 두고 박쥐로의 변신을 설정했다. 이 외에도 루마니아의 민간에서 전래되는 마늘이나 바곳 등의 특정 향신료를 드라큘라 퇴치에 사용했으며, 기독교의 상징인 성수와 십자가를 드라큘라에 대항할 수 있는 최고의 무기로 설정했다. 이러한 법칙들은 후대의 다른 작품들에서 뱀파이어를 규정할 수 있는 중요한 요건들로 굳어진다. 드라큘라의 법칙이 21세기까지 영향력을 발휘할 수 있는 이유는, 바로 이러한 요건들이 한 개인의 머리에서 발생한 일시적인 창작물이 아니라, 오랜 시간을 두고 축적된 이야기라는 점에 있다.

여기에 당대 귀족을 연상시킬 수 있는 신사적 면모를 더해서 드라큘라의 이중성을 부각시키고 있다. 길고 하얀 콧수염, 빨간 눈, 날카로운 콧날, 유난히 붉은 입술과 길고 뾰족한 손톱을 가진 드라큘라 백작이 머리에서부터 발끝까지 온통 검은

색으로 치장한 채 정중하게 자신을 소개하는 모습은 영락없는 영국 신사를 연상케 한다. 이처럼 드라큘라는 영국적인 외모에 이국적인 속성을 가진 존재로 그려지고 있다.

브람 스토커의 『드라큘라』에서는 초자연적인 것이 자연스럽게 받아들여지는 전설의 나라 트란실바니아의 가치와 과학적 합리주의가 지배하는 영국의 가치가 대치되고 있다. 소설 속에서 수어드 박사는 드라큘라를 19세기 당시의 의학 지식을 도입해서 설명하려 하지만, 그의 스승인 반 헬싱 박사는 드라큘라를 초자연적인 현상으로 받아들이고 대처한다. 때문에 얼핏 보기에 이 소설은 당시 영국에 만연한 합리주의와 계몽주의를 비판하고자 하는 듯 보이지만, 소설을 세세히 뜯어보면 결국 영국의 기득권 세력에게 손을 들어주고 있음을 간파할 수 있다.

소설의 무대가 되는 트란실바니아는 "유럽에서 가장 황량하고 후미진 곳"으로 "세상의 미신이란 미신은 다 모여 있어서, 흡사 상상력의 소용돌이 한가운데에 있는 느낌"을 준다고 설명되어 있다. 이곳의 주민들은 "바깥 세상을 향한 눈과 귀를 모두 닫아 버린 듯 무아지경에서 기도를 올리는" 것으로 악령과의 싸움을 대신한다. 즉 비과학적이고 무지몽매한 트란실바니아의 주민들로서는 결코 드라큘라를 제거할 수 없다는 전제가 깔려 있는 것이다.

억양이 특이한 드라큘라 백작은 '위대한 나라 영국'에 지대한 관심을 갖고 있다. "영국을 알게 되면서 그 나라를 사랑하게 되었소. 사람들로 붐비는 영국의 거리를 거닐고 싶소 왁자지껄한 사람들의 세상에 들어가서 그들의 생사고락과 영고성쇠를 함께 맛보고, 오늘날의 그들이 있게 한 모든 것을 함께 누리고 싶소."라고 소망을 밝힌다. 결국 드라큘라는 영국으로 건너가 기독교의 상징물인 십자가와 성수에 의해서 단죄되고 만다. 이는 "겁을 모르고, 미신을 믿을 뿐, 종교도 가지고 있지 않은" 집시들과 달리, 이교도를 두려워하며, 기독교를 충실하게 믿는 과학적인 선진국으로서 영국 시민들은 드라큘라라는 악마와의 결투에서 당당히 승리할 수 있다는 브람 스토커 시대의 믿음을 반영한 결과이다.

스티븐 킹의 재활용

21세기가 다가오자 뱀파이어는 더 이상 소설에서 다뤄지지 않을 것으로 예견되었는데, 바로 이 때에 미국의 초특급 공포 작가인 스티븐 킹(Stephen King)이 등장했다. 이상한 능력을 타고난 소녀의 이야기를 다룬 『캐리 *Carry*』를 1974년에 첫 소설로 출간한 이래, 귀신이 붙은 낡은 호텔 이야기인 『샤이닝 *The Shinning*』, 평범한 마을에 침입한 알 수 없는 악마를 다룬 『그것 *It*』, 역시 평범한 마을에 갑작스럽게 늑대인간이 출현하면서 발생하는 사건들을 다룬 『은 총알 *Silver Bullet*』 등 주로 전통적인 공포의 소재들을 다룬 소설을 썼다.

작가 스스로 "나는 뱀파이어나 늑대인간을 믿지는 않지만 살인자의 존재는 믿는다."라고 밝히고 있는 것처럼, 그가 다루고 있는 공포란 단순히 괴물이 끔찍하게 묘사되는 것만은 결코 아니다. 평범한 미국의 소도시에서 일어나는 기상천외한 사건들과 그 사건들로 인해서 파헤쳐지는 인간의 내밀하고도 섬세한 감정인 공포가 바로 그가 그리고자 하는 대상이다. 스티븐 킹에 의하면 인간은 본질적으로 공포라는 감정에 대해 이율배반적인 관심을 가질 수밖에 없다고 한다. 폭풍우가 심한 날 어떤 여자가 작은 도시에 있는 공항에서 비행기 프로펠러에 빨려 들어가 버렸다는 뉴스를 듣거나 현장에 있을 경우, 사람들은 무서움과 동시에 이상한 종류의 환희를 느끼게 된다는 것이다. 우리는 공포라는 감정에 대해 관심을 갖는 한편 거부감을 갖게 되는 것이 사실이다. 그렇기 때문에 포스터(E. M. Poster)가 지적하는 것처럼 죽음과 공포는 늘 문학에 있어서 중요한 주제로 다뤄져 온 것이다.

이러한 작가의 의도가 보기 좋게 적중한 탓인지, 스티븐 킹의 작품들은 대부분 작품성을 인정받는 가운데 베스트셀러로 등극하는 한편, 『캐리』등 대다수의 소설들이 영화나 TV 드라마와 같은 영상물로 제작됐다.

스티븐 킹의 단편소설 「예루살렘 롯」과 장편소설 『살렘스 롯 Salem's Lot』은 모두 전통적인 공포의 소재였던 뱀파이어를 다루고 있다. 장편소설 『살렘스 롯』의 서문에서 스티븐 킹이 직접 밝히고 있는 것과 같이 뱀파이어와 관련된 일련의 소설들은 브람 스토커의 영향을 많이 받았다.

『살렘스 롯』의 전주곡과도 같은 단편소설 「예루살렘 롯」은 브람 스토커의 『드라큘라』가 채용하고 있는 편지글, 일기, 기록문의 형식을 차용하고 있다. 찰스 분은 사촌 스티브 분이 죽자 그의 유언을 집행하기 위해 팔머스와 포틀랜드 근처의 우뚝 솟은 성 채플 웨이트를 방문한다. 그곳에서 자신의 뿌리를 캐내던 찰스는 우연히 '예루살렘 롯'이라는 외딴 지역을 방문한다. '예루살렘 롯'이라는 공간은 세월의 썩은 냄새가 진동하는 시공간이 멈춰버린 악의 공간이자 금지된 장소로 묘사되어 있다. 금기를 어긴 찰스도 서서히 뱀파이어의 세계에 발이 빠지게 된다는 것이 이 소설의 내용이다. 강 건너 예루살렘 롯이라는 죽음의 마을, 그 안의 적그리스도 예배당, 그 안에서 발견된 '벌레의 신비'라는 책. 찰스가 점점 미궁으로 빠져드는 모습을 작가적 시점이 아닌, 편지나 메모와 같은 글쓰기 양식을 통해서 독자로 하여금 허구의 이야기를 실제로 착각하도록 유도함으로써 공포감을 자아내고 있는 것이다. 특히 소설의 마지막 부분에서 "벽 안에는 커다란 쥐도 한 마리 있는 것 같다. 소리가 들린다."라는 제임스 로버트 분의 기록을 통해서 분 일가의 불행과 공포가 계속될 것이라는 암시를 독자에게 전달해 공포를 더욱 극대화 시키고 있다.

　장편소설 『살렘스 롯』은 토브 후퍼(Tobe Hooper) 감독에 의해서 TV 시리즈물로 제작됐다. 토브 후퍼 감독은 훗날 외계인이 바로 뱀파이어라는 발상의 콜린 윌슨(Colin Wilson) 원작 『우주 뱀파이어 *The Space Vampire*』를 「뱀파이어 Life Force」로

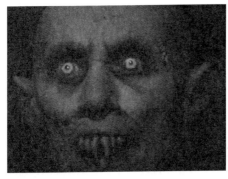

스티븐 킹의 『살렘스 롯』을
원작으로 한 TV 영화
「공포의 별장」.

영화화하기도 했다. 『살렘스 롯』의 TV판은 1984년 한국에서
「공포의 별장」이란 제목으로 공중파 방송을 통해 납량 특집
으로 방영된 바 있다.

이 소설은 평범한 마을 사람들이 모두 뱀파이어로 변하고
만다는 섬뜩하면서도 전통적인 발상에 의거하고 있다. 죽은 아
들이 한밤중에 찾아와 창문을 두드린 후, 가족들을 전부 뱀파
이어로 만드는 장면은 마치 알렉시스 톨스토이(Alexis Tolstoy)
의 단편소설 「부르달락 가족 Family of Vourdalak」의 한 장면
을 연상시키며, 마늘이나 십자가, 성수를 무서워하는 드라큘
라의 모습은 영락없는 브람 스토커의 '드라큘라' 백작이다.

브람 스토커 이후의 숱한 뱀파이어 소설이나 영화들은 스
티븐 킹과 마찬가지로 브람 스토커의 법칙을 따르려 했다. 그
러나 어찌된 일인지 이후 등장한 뱀파이어 소설들은 그 이름
에 걸맞지 않게 모두 아류작으로 단명했다. 유독 스티븐 킹의
뱀파이어가 장수할 수 있었던 이유는 바로 익숙한 공포와 낯

선 공포가 적절한 비율로 배합되었기 때문이다. 브람 스토커 이후 일종의 법칙으로 굳어진 공포의 조건들을 그대로 답습하는 가운데, 당대 미국의 평화로운 일상 속에서 그들이 얼마나 처참하고 끔찍하게 무너지는가를 잔인할 만큼 생동감 있게 그려내고 있기 때문에 독자들은 마치 자신이 뱀파이어를 대면해 공포로 옥조이는 듯한 경험을 하게 된다.

앤 라이스의 '인간적인, 너무나도 인간적인' 뱀파이어

스티븐 킹이 브람 스토커의 뒤를 이어 전통적이고 고전적인 공포를 현대로까지 끌어오는 데에 성공했다면, 미국의 작가 앤 라이스(Anne Rice)는 새롭게 현대적인 뱀파이어의 캐릭터를 정립했다는 점에서 높이 평가할 만 하다. 앤 라이스가 들려주는 뱀파이어의 이야기란 너무나도 인간적이어서, 독자들은 뱀파이어가 치명적인 몬스터임에도 불구하고 그의 캐릭터에 쉽게 매료되곤 한다. 그녀의 장대한 뱀파이어 연대기의 프롤로그 격인 『뱀파이어와의 인터뷰 *Interview with the Vampire*』(1976)를 1994년에 닐 조던(Neil Jordan) 감독이 영화화할 당시 할리우드 최고의 미남 배우들인 톰 크루즈, 브래드 피트, 안토니오 반데라스 등이 흔쾌히 뱀파이어 역할을 맡았던 이유도 바로 여기에 있다.

원작을 충실하게 재현한 영화「뱀파이어와의 인터뷰」는 2백 살의 뱀파이어인 루이가 1988년의 미국에서 특종을 찾는

영화
「뱀파이어와의 인터뷰」
중에서.

기자와 인터뷰를 하는 장면으로 시작된다. 대부분의 뱀파이어 소설들이 신의 뜻을 거역하고 불사의 생을 사는 뱀파이어와 유한한 생을 사는 인간의 갈등 구도를 중심으로 이야기를 전개하는 데에 반해, 이 작품은 뱀파이어들을 세분화하여 그들 사이의 갈등을 그려내고 있다.

앤 라이스가 그려내는 뱀파이어는 밤이 되면 희생자를 찾아 피를 빠는 괴물이라는 식의 물리적인 설명만으로는 이해가 부족하다. 마치 인간 중에도 선인과 악인, 혹은 고뇌형과 행동형이 있는 것처럼 뱀파이어들도 다양한 성격과 윤리관을 갖고 있다는 것이 앤 라이스의 전제이다. 희생자의 목에 구멍을 내어 피를 빨아야만 목숨을 부지할 수 있다는 뱀파이어 종족의 특성은 누구에게나 동일하게 적용된다. 그러나 목에 이빨을 대는 순간, 희생자가 누구이건 개의치 않고 단번에 해치우는 레스타와 같은 행동가가 있는가 하면, 고뇌하고 자학하다 희생자의 피를 머뭇머뭇 빠는 햄릿형의 루이가 있다.

이러한 앤 라이스의 뱀파이어 세계에도 브람 스토커의 경우와 마찬가지로 그들만의 법칙이 있다. 가령 희생자가 죽은 후에는 피를 빨아서는 안 된다는 점, 노인은 뱀파이어가 될 수 없다는 점, 동족을 죽여서는 안 된다는 점 등은 앤 라이스의 뱀파이어 사회에서만 통용되는 특유의 법칙들이다. 브람 스토커의 드라큘라와 달리, 앤 라이스의 뱀파이어들은 성수나 십자가를 두려워하지도 않는다. 앤 라이스만의 치밀하고도 상세한 법칙들은 앤 라이스의 마니아들로 하여금 어딘가 뱀파이어들의 세계가 공존하고 있을 지도 모른다는 착각을 불러일으키기도 한다.

『뱀파이어와의 인터뷰』의 엄청난 성공에 이어서 1985년에 발간된 『뱀파이어 레스타 *Vampire Lestat*』는 1976년 작의 속편 격으로, 뱀파이어 레스타의 자서전에 해당하는 내용을 담고 있다. 마그누스를 통해서 그가 어떻게 뱀파이어 계에 입문하게 되었는지가 상세하게 그려져 있다. 3년 후인 1988년에 발간된 『저주받은 여왕 *Queen of the Damned*』에서는 뱀파이어들의 여왕인 아카샤가 긴 잠에서 깨어난다. 이 두 작품은 2002년에 마이클 라이머(Michael Rymer) 감독에 의해 「퀸 오브 뱀파이어 Queen of the Damned」라는 동명의 제목으로 영화화된다. 이 작품은 미국의 가수이자 배우였던 알리야(Aaliyah)의 유작으로도 알려져 있는데, 「뱀파이어와의 인터뷰」와 같은 호평은 듣지 못했다. 두 편의 장편소설을 두 시간 남짓한 영화 한 편에 재구성하려다 보니, 원작 특유의 부연 설명들이 드러나지 못했기 때문일 것이다. 뱀파이어의 고뇌가 제대로 드러나지 못한 채 현란한 MTV 뮤직비디오와 같은 장면들만으로는 진지하고 빈틈없는 스토리의 전개를 기대하는 앤 라이스 팬들이 만족할 리가 없다.

앤 라이스의 연대기는 21세기에도 계속되고 있다. 2000년에 예술가적 기질이 다분한 전략가 아르망의 자서전적 이야기를 담고 있는 『뱀파이어 아르망 *Vampire Armand*』이 발간된 이래, 2002년에는 2000살 먹은 강력한 뱀파이어 마리우스의 이야기를 담은 『블러드 앤 골드 *Blood and Gold*』가 발간되는 등, 앤 라이스와 그녀의 살아있는 듯한 뱀파이어를 사랑하는 마니아들이 존재하는 한 뱀파이어 연대기는 계속될 전망이다.

역사 속의 뱀파이어

"나는 옷 아래의 넓적다리를 포크 날로 난폭하게 찔렀다.
나는 그녀가 미처 피할 겨를도 없이 넓적다리에 입술을 갖
다 대고서 내가 방금 흘리게 만든 피를 조금 삼켰다."

－ 조르쥬 바타이유(Georges Bataille)의 소설
『눈 이야기 *Histoire de l'oeil*』 중에서

뱀파이어란 사후 세계에 대한 사람들의 호기심과 상상력이
빚어낸 영화나 소설 속의 이야기에 불과한 것일까? 단순히 이
야기의 모티브로만 이해하기에 뱀파이어는 지나치게 실제적인
면모를 갖고 있다. 종교 여부를 떠나서 사람들에게 있어 뱀파
이어란 터무니없는 미신이나 재미있는 이야깃거리이기 이전에

'있을 법한' 존재로 받아들여진다. 영화가 만들어 낸 호모슈퍼리얼이나 몬스터와 달리, 뱀파이어가 설득력 있게 다가오는 이유는 실제로 뱀파이어라 칭할 만한 엽기적인 살인 행각이나 기이한 현상들이 연속적으로 발생해 왔기 때문이다.

살아있는 시체들의 밤

교회가 유럽에서 최고의 권력이자 가치체계로 작용하기 시작한 이래로 실제로 무덤에서 나온 시체, 즉 뱀파이어에 대한 교회의 보고서가 끊임없이 출간되었다. 심지어 구교에 반대하던 종교개혁자들조차 16세기 후반에 이르자 뱀파이어의 존재를 인정하기에 이른다. 유럽 민간에서는 다양한 형태의 뱀파이어들이 고발 접수됐다. 1196년에는 영국 잉글랜드 중남부에서 죽었던 남자가 살아 돌아와 가축들에게 피해를 입혀 교회당국이 출동했던 사례가 기록되어 있다.

간헐적으로 발생하던 뱀파이어에 관한 보고서는 17~18세기에 이르러 폭발적으로 증가하게 된다. 이탈리아의 대주교 주세페 다반자티(Giuseppe Davanzati)는 1738년부터 1739년까지 2년간 로마에서 발생한 뱀파이어의 사례를 묶어 1744년에 『뱀파이어에 관한 논문 Dissertazione sopre I Vampiri』이란 제목의 보고서를 출간했다. 당시 신성로마제국은 공식적으로 조사원들을 다른 국가에 파견하여 뱀파이어의 사례를 모으도록 지시하기도 했다. 세르비아 지방으로 보내진 오스트리아 군의관

요한 플뤼킹거(Johann Flüchinger)는 1732년에 실제 존재하는 뱀파이어들의 사례를 모아 보고서를 발표해 독일어권 국가들 사이에 충격을 주기도 했다.

상상의 산물인 설화와는 철저하게 구별되는 교회의 사례 중심의 뱀파이어 관련 보고서들은 과연 어떤 근거로 작성된 것일까? 당시에 뱀파이어로 의심될 만한 사람이나 사건이 있었을 것으로 추측이 가능한데, 왜냐하면 외부와의 접촉이 거의 없는 폐쇄된 지역사회에서 빨간 머리나 파란 눈을 가진 사람을 보거나, 혹은 유난히 털이 많은 낯선 외모의 혼혈아가 태어났을 경우, 사람들은 단지 '다른' 외모를 심상치 않은 징후로 해석했을 수도 있기 때문이다.

죽었던 사람이 무덤에서 살아나는 경우도 당시로서는 충분히 일어날 수 있는 일이다. 의학에 무지한 대부분의 일반인들은 심장이 멈추면 무조건 명이 다한 것으로 판정을 내렸기 때문이다. 경우에 따라 시체를 옮기거나 관을 옮길 때의 외부적 충격으로 시체가 다시 숨을 쉬게 되는 경우, 주변 사람들의 놀라움은 실로 엄청났을 것이다.

경우에 따라서는 관을 묻은 뒤에 일정 시간이 지난 후에 깨어나 관에서 나오려고 애를 쓰다가 죽게 되는 경우, 시체가 매장 당시와 다르게 안치되어 있거나 수의가 난삽하게 어질러져 있는 것을 보고 사람들은 시체가 그들이 보지 않는 밤 시간을 틈타서 돌아다닌 것으로 생각할 수도 있었을 것이다. 행여 매장을 허술하게 한 경우에 잠시 숨을 멈췄던 시신이 가까스로 살아나 매장 당시의 모습 그대로 마을로 돌아왔다고 가정해 보자. 아무리 가족이나 친구들일지라도 사람들은 그에게서 어떤 설명을 들으려 하기 보다는, 그의 출현 자체에 끔찍한 공포를 느끼고 그를 피해 다녔을 것이다. 지인들의 매몰찬 대우에 분노한 시체가 울분을 토하는 과정에서 가족이나 친지, 혹은 집 주변의 동물에게 상해를 입히는 일은 얼마든지 가능하다.

1800년대 초반에 활약한 미국 작가 에드가 알렌 포(Edgar Allan Poe)의 단편소설 「때 이른 매장 Premature Burial」을 보면 당시에 생매장이 얼마나 빈번하게 일어났는지를 짐작할 수 있다. 포는 수많은 생매장의 증거들을 백 가지 이상 들 수 있다고, 소설 속 화자의 입을 빌려 단언하고 있다. 당시 무덤은 공기가 잘 통하는 토양으로 아무렇게나 뒤덮여 있었기 때문에 얼마든지 공기 소통이 가능했다. 의대생들이 인체 해부를 하기 위해 몰래 시신을 도굴해서 옮긴 후, 전류를 가하자 시체가 벌떡 일어나는 경우도 있었다. 현대 의학에서는 일상적으로 행해지는 심폐소생술이 당시로서는 악마의 사주를 받은 마술사의 소행쯤으로 여겨졌을 수도 있다.

또한 매장이 제대로 이뤄졌다고 할지라도, 폭풍이나 홍수와 같은 자연재해나 기상이변에 의해 관이나 시체가 지상으로 나오거나 아예 유실되는 경우도 허다했을 것이다. 자연재해를 신의 형벌로 간주했던 이들에게 있어서 뜻밖의 시체 유실이나 출현은 분명 기이한 현상이었음에 틀림없다. 혹 무덤의 흙이 절반 정도 유실되어 묘지 위로 시체의 손이나 발 등 신체의 일부가 튀어나와 있는 경우도 잦았을 것이다. 이는 죽은 자들이 밤만 되면 땅 속을 들락날락 거렸을 것이라는 식의 상상력을 자극할 수도 있다.

독일의 베르너 헤어조그(Werner Herzog) 감독의 영화 「노스페라투 Nosferatu-Fantom der Nacht」의 첫 장면은 멕시코의 공동묘지 내부를 찍은 컷으로 시작된다. 보존 상태가 좋은 미라일지라도 흉측하게 느껴지기는 마찬가지이다. 미라의 퀭한 눈, 드러난 이빨, 앙상한 몸뚱이는 모두 뱀파이어의 신체적 특징이기도 하다. 또한 헤어조그의 진술에 따르면, 건조된 미라는 직접 들어보면 20kg이 채 안될 만큼 가볍다고 한다. 이는 영혼의 무게가 빠진 뱀파이어가 하늘을 날아다녔으리라는 상상력을 뒷받침해 주는 근거가 되기도 한다.

아름다웠던 생전과는 달리 부패하고 마모되어 흉악해진 시체의 출현을 두고, 사람들은 이를 과학적으로 이해하려 하기보다는 단순히 악마의 장난으로 치부하는 편이 훨씬 수월했을 것이다. 그들도 언젠가는 병들고 죽어서 땅에 묻혀 그처럼 흉악하게 변하고야 만다는 사실을 부정하고 싶어 하는 산 자의 바람이 반영된 셈이다.

페스트의 원흉

시체의 갑작스런 부활, 시체의 유실, 시체의 출현 등 시체와 관련된 기이한 현상은 매장 풍습이 생긴 이래 간헐적으로 계속되어 왔다. 다만 이러한 현상들을 유기적으로 한데 묶어 "이것은 뱀파이어의 농간이다."라고 규정을 짓는 작업이 중세 시대에 이뤄졌기 때문에, 이제까지 민간에서 그냥 지나치고 말았던 기이한 사례들이 뱀파이어의 이름으로 보고되었기 때문에 중세에 갑작스럽게 뱀파이어와 관련된 사건들이 증가한 것으로 추정된다.

실체가 모호했던 '뱀파이어'를 교회가 신의 이름으로 인정함에 따라서, 민간에서 사악한 악마 뱀파이어에 대한 믿음은 유일신에 대한 믿음만큼이나 확고하게 다져졌다. 권위 있는 신학자와 의사들의 학구적인 저작물에서 뱀파이어는 더 이상 설화에 등장하는 상상의 귀신이 아니었다.

악을 규정하고 체계화하는 작업이, 악을 부정해야 할 교회에 의해서 이루어진 점은 실로 아이러니하지 않을 수 없다. 중세의 신학자들은 일반인들로 하여금 신을 굳게 믿고 따르도록 하기 위해서는 신을 강조하는 것보다 오히려 악을 강조하고 구체화하는 편이 훨씬 효과적이라는 사실을 잘 알고 있었을 것이다. 교회 당국에 의해 발표된 보고서들은 성직자들 사이에 널리 읽혀졌고, 성직자들은 설교 시간을 빌어서 문맹인 일반인들에게 악에 대해서 역설했음이 분명하다.

그렇다면 교회 당국이 신성모독에 해당하는 뱀파이어에 지나치게 많은 지면을 할애할 수 있게 된 동기는 어디에서 찾을 수 있을까? 그것은 의문을 알 수 없는 죽음들과 넘쳐나는 시체들을 만들어 냈던 당대의 전염병이다. 전염병과 종교를 연결시키는 정책은 비단 중세 시대에만 국한된 예는 아니다. 실예로 전염병을 신에 거스르는 악마의 소행으로 연결시키는 해석은 민심을 유일신에게 결집시키는 네 효율적으로 활용되었다. 가령 카르타고의 사제였던 키프리아누스(Cyprianus)는 252년에 전염병을 계기로 「죽음에 관하여 De Mortalitate」라는 글을 발표했다. 이 글에서 그는 "이 무서운 죽음의 재앙은 이교도들이나 유대인들에게는 분명히 무서운 환란이나, 신을 모시는 기독교인들에게는 새로운 행운을 위한 출발이다. 믿음을 가진 사람들에게는 언제나 보살핌이 주어지고, 믿음이 없는 사람들에게는 징벌만이 주어진다. 언뜻 보기에 전염병은 두려운 존재이지만, 바른 사람을 골라내고 이들을 검증해서 적절한 조치를 취하니 이 얼마나 합당한가."라고 기술하고 있다.

인류의 역사에 있어 가장 끔찍했던 전염병은 아마도 페스트(pest)일 것이다. 1346년에서 1350년 사이에 유럽에서 발생한 최초의 페스트는 유럽인들에게 강력한 인상을 심어주고도 남을 만큼 그 위력이 대단했다. 약 4년에 걸쳐 유행한 페스트로 유럽 인구의 1/3 정도가 사망했다.

당시 사람들은 페스트의 치료법은 물론 원인과 감염 경로를 제대로 규명하지 못했다. 이름모를 병이나 천재지변으로 죽은 영혼에 대해 교회의 성직자들은 인간의 죄 때문에 가족과 친지들이 이유 없이 죽어가는 모습을 보게 되는 것이라고 설파해 왔었다. 그러나 성직자까지도 페스트가 신의 단죄라는 식으로 설명하는 것은 오히려 신에 대한 원망을 불러일으킬

판이었다. 건장하고 성실하던 청년이 24시간 만에 처참하게 죽어가는 모습을 토마스 아퀴나스의 신학적 논리로 설명하는 것은 아무래도 무리였던 것이다. 민간에서는 이 틈을 타 이교도의 교리가 서서히 고개를 들고, 방향을 잃은 민심을 동요시키는 데 한 몫을 했다. 또한 원인을 알 수 없는 죽음에 대한 공포감이 사람들 사이에서 이상한 광기로 발산되는 예도 허다했다. 공동체의 기반이 흔들리는 순간이었다.

이제 교회는 더 이상 물러설 곳이 없었다. 공동체를 다시금 조화롭고 강하게 만들기 위해서는 죽음의 공포와 위협을 떠넘길 수 있는 구체적인 대상이 필요했다. 프랑스의 사상가 르네 지라르(René Girard)가 1972년에 발표한 그의 저서 『폭력과 성스러움 La violence et le sacre』에서 지적한 바와 같이, 한 공동체 내에서 갈등이나 분쟁이 심할 때에는 집단 내 상호 공격 의사에 근거하여 누군가를 희생물로 삼아 도처에 퍼져 있는 분쟁의 씨앗들이 그에게로 집중되도록 하는 경향이 있다. 그래야지만 내부의 폭력을 진정시키고 분쟁의 폭발을 막을 수 있다는 것이다. 교회는 그 희생자로 죽은 자들, 즉 뱀파이어를 지명했다. 실제로 1710년 동부 프로이센 지역에 페스트가 창궐하자 그 지역을 지배하던 오스트리아의 당국자들은 이를 뱀파이어의 소행으로 규정하고 인근 공동묘지를 파헤치는 아이러니를 범하기도 했다.

페스트를 뱀파이어의 소행으로 규정함으로써 얻게 되는 부수적인 효과도 있었다. 페스트가 발생했을 경우 가장 시급하게 처리해야 할 일은 바로 병들어 죽어버린 시체를 매장해야 하는 일이었다. 교회 당국은 시체를 최대한 빨리 매장하도록 권유했지만, 페스트를 피해 도망치기에 급급한 사람들이 시체를 태우거나 묻을 여력이 남아있었을 리 만무했다. 따라서 시체들을 재빨리 처리하지 않고 그대로 방치할 경우, 교회는 시체가 뱀파이어로 변할 수 있다는 식으로 위협하였고, 이로 인해 신속한 시체 처리를 유도할 수 있었을 것이다.

그러나 한꺼번에 많은 시체를 다루는 과정에서 불가피하게 매장이 제대로 이루어지지 않을 수밖에 없었을 것이다. 일본의 애니메이션 영화감독 오시이 마모루[押井守]의 장편소설 『야수들의 밤 Blood-The Last Vampire』에는 시체 처리의 어려움에 대해 잘 기술되어 있다. 무거운 시체를 운반해서 토지가 유실되지 않을 만큼 땅을 파내서 묻는 데에는 상당한 노력이 든다. 화장도 쉬운 일은 아니다. 수분 함유량이 많은 인간을 태우기 위해서는 엄청난 양의 연료가 필요하다. 가령 체중 70kg의 시체를 소각시킬 경우 석탄 연료 700kg이 소요되는데, 이는 초등학교 하나의 하루 석탄 소비량을 능가하는 양이다.

여건이 이렇다 보니 시체를 그대로 방치하거나, 집단으로 가매장하는 일이 많았을 것이다. 때문에 소나기라도 내리면 부패하기 시작한 시체들의 얼굴이나 팔이 밖으로 드러나기 십상이었고, 이렇게 시체의 일부가 지상으로 드러남과 동시에 살아있는 사람들에게 병을 옮겼을 것이다. 살아있는 시체, 즉 뱀파이어가 페스트라는 재앙을 불러일으킨다는 이야기의 근거가 마련된 셈이다.

이제 사람들은 원인 모를 죽음에 대한 원망을 모두 뱀파이어라는 대상에게 퍼부을 수 있게 되었다. 싸우거나 제거해야할 악의 실체를 찾지 못해 공포를 느끼던 사람들은 이제 더이상 혼란스러워하지 않았다. 사람들은 뱀파이어를 증오의 과녁으로 삼고 이를 공격했다. 후대의 문학 작품이나 영화에서조차 뱀파이어가 페스트의 원흉이라는 믿음을 그대로 차용하는 예가 허다했다. 에드가 알렌 포는 흑사병과 유사한 적사병에 대한 단편소설 「적사병 가면 The Masque of the Red Death」에서 적사병의 존재를 다음과 같이 의인화시켜 묘사하고 있다. "그 사람은 큰 키에 몹시 말랐으며, 머리에서 발끝까지 수의를 두르고 있었다. 얼굴을 가리고 있는 가면은 굳어버린 시체의 안면과 너무나 유사하게 만들어져 자세히 들여다보아도분간할 수 없는 지경이었다." 이는 분명 뱀파이어에 관한 묘사와 흡사하다. 독일의 베르너 헤어조그(Werner Herzog) 감독의 영화 「노스페라투 Nosferatu-Fantom der Nacht」에서는 좀더 직접적으로 드라큘라 백작이 페스트를 옮겨왔다는 부분을강조하기 위해 촬영 당시 배경이 되었던 네덜란드에 쥐를 만마리나 풀어놓기도 했다. 헝가리의 한 실험실에서 가져온 살아있는 흰 쥐들은 더러운 페스트균에 감염된 쥐로 표현하기위해서 일일이 회색으로 염색을 했을 정도이다.

이처럼 중세 시대의 뱀파이어는 유일신의 교리와 민간의미신이 페스트라는 전염병과 결부되면서 탄생한 최고의 '타자

(他者)'라 할 만하다. 프랑스에서 활동 중인 줄리아 크리스테바(Julia Kristeva)가 『공포의 권력 *Pouvoirs de l'horreur*』에서 지적한 바와 같이, 모든 악의 집합체로시의 뱀파이어를 억압하면 억압할수록 종교는 자기 파멸을 극복하고 공동체는 한층 더 강력해질 수 있었던 것이다.

말뚝으로 박는 자, 블라드 쩨뻬쉬

상상의 산물에 불과했던 뱀파이어의 존재를 교회가 공식적으로 인정하고 나서자, 이에 당시 사회적으로 악명이 높았던 연쇄살인범들의 이미지가 결합하여 좀더 입체적인 뱀파이어의 이미지가 갖추어지게 되었다. 실존했던 뱀파이어로 알려져 있으며, 후대의 작품 속에서 뱀파이어의 전범이 될 정도로 널리 알려진 역사 속의 인물로는 왈라키아의 왕자 블라드 쩨뻬쉬(Vlad Tepes)를 들 수 있다.

악명 높은 '드라큘라'로 알려진 블라드 쩨뻬쉬는 사람의 피를 빨아먹는 악마로 알려지기 전에, 루마니아 역사에서는 오스만 제국의 군대를 물리친 왕으로 기록되어 있다. 블라드는 루마니아 남부에 위치한 고대 왈라키아(Wallachia) 왕국의 왕자였다. 그의 아버지, 즉 왈라키아 왕의 이름은 블라드 드라쿨(Vlad Dracul)이었는데, 그의 이름에서 '드라큘라'라는 말이 유래한 것으로 보는 이도 있다. 한편 루마니아에서 '드라쿨'이란 말은 악마 또는 용을 뜻하는 일반 명사로 사용되었으며, 당시 블라드가 사용했던 문장이 용이었던 점을 감안한다면 이름의 기원을 알 수 있을 것이다.

블라드 왕자가 태어났던 당시 왈라키아 왕국은 오스만투르크로부터 수시로 간섭과 위협을 받고 있었다. 왈라키아는 오스만투르크에게 정기적으로 공납을 바치고, 온갖 불평등 조약을 이행해야만 하는 상황이었다. 심지어 블라드 왕자와 그의 남동생인 라두(Radu)는 소년 시절에 오스만투르크에 인질로 몇 년간 잡혀 있기도 했었다. 한창 민감한 나이에, 타지에서 억압과 감금을 당했던 상흔은 훗날 블라드 왕자가 자신의 욕망을 잔혹함이라는 뒤틀린 형태로 표현할 수밖에 없도록 이끌기에 충분했을 것이다.

1456년 블라드 왕자는 드디어 왈라키아로 귀향한다. 그는 오스만투르크에게 기생하는 부패 귀족을 억누르고, 서서히 오스만투르크에게 바치던 공납의 일부를 거절하는 등 오스만투르크와 인접한 헝가리를 상대로 저항 활동을 펼쳤다. 그는 오스만투르크의 침략을 용맹스럽게 막아내고 수많은 투르크족들을 생포했다.

그러나 문제는 이 포로들을 다루는 데에서 발생했다. 위엄 있고 용맹스럽던 그가 포로들을 처리하는 과정에서는 광기에 가까울 만큼 잔인무도한 면모를 드러냈기 때문이다. 그는 수천 수만의 포로들을 꼬챙이나 말뚝에 꽂아서 서서히 죽이는 방법을 택했다. 포로들은 몸의 무게에 의해서 서서히 말뚝에 박혀 피를 흘리면서 고통스럽게 죽어갔는데, 이 모습을 당시 블라드 쩨뻬쉬는 처음부터 끝까지 목도했다고 한다. 그때 그가 즐겨 사용한 처형 도구인 '꼬챙이' 또는 '가시'가 루마니아어로는 '쩨뻬쉬(Tepes)'인데, 여기서 그의 이름이 유래했다고 전해지고 있다. 블라드의 잔혹한 처벌은 단지 포로들에게만 국한된 것은 아니었다. 경우에 따라서는 자국 내의 배신자나 부패한 귀족, 거지나 불치병자와 같은 최하층 계급의 사람들에게도 비슷한 형벌을 내렸다.

물론 외세의 잦은 간섭과 침략으로 나라 안팎이 어지러운 상황에서 외세에 효율적으로 대처하기 위해서는 흩어진 힘을 절대 군주의 영향력 아래로 모아야 했을 것이다. 즉 블라드로서는 강력한 절대 군주로 거듭나기 위해 피를 보는 일까지 서슴지 않고 자행했던 것이다. 그러나 이러한 대의적인 명분 외에도 개인적으로 사람들을 학대하고 죽이는 행위를 통해 은밀한 쾌감을 느꼈을 지도 모를 일이다. 당대는 물론 후대의 사람들까지도 그를 공포의 대상으로 기억하고 있는 것은 바로 그 때문이다.

여기에 블라드 사후에 입에서 입으로 전해 내려오는 이야기가 그를 뱀파이어로 규정짓는 데에 중요한 역할을 한다. 전해 내려오는 이야기에 따르면, 투르크를 지지하는 대공에 의해 살해당한 블라드는 루마니아 부쿠레슈티 근처의 스나고브(Snagov)에 매장된 것으로 추정된다. 그러나 후에 사람들이 무덤을 파내 보니 관 속이 텅 비어 있었다는 것이다. 이에 대해서는 실제로 그의 시신이 안치된 곳과 무덤이 만들어진 곳이

다를 가능성과 그가 약해진 세력을 키워 후일을 도모하기 위해 죽음을 가장했다는 해석이 가능하다. 그의 무덤에 관한 이야기는 어느 것 하나 확실하지 않기 때문에 오히려 세간에서는 흥미로운 방향으로 부풀려졌을 것으로 추정된다.

사실 블라드가 '드라큘라 백작'이라는 뱀파이어의 전형으로 알려지기 시작한 이유는 이와 같은 역사적 사실 때문만은 아니다. 결정적으로 그의 이름이 전 세계적으로 유명하게 된 것은 다름 아닌 영국의 소설가 브람 스토커의 소설 『드라큘라』 덕분이다. 1890년 브람 스토커는 헝가리의 학자이자 여행가였던 아미니우스 뱀버리(Arminius Vambery)를 만나서 블라드 쩨뻬쉬에 대한 이야기를 상세하게 들은 후 흥미를 갖게 된다. 헝가리의 입장에서 볼 때, 블라드는 용맹한 군주라기보다는 포로들을 고문하는 잔악무도한 폭군에 가까울 수밖에 없었다. 브람 스토커는 뱀버리에게서 들은 이야기에 당시 유행하던 온갖 기괴한 이야기들을 끌어 모아 공포를 느끼면서도 매혹적인 '드라큘라'의 캐릭터를 창조하게 된다. 이제 우리의 기억 속에는 역사 속의 블라드는 사라지고, 상상과 현실이 적당히 버무려져서 온갖 이야기가 어우러진 드라큘라라는 캐릭터만 남게 된 것이다.

피로 목욕하는 여인, 에르체베트 바토리

남자 뱀파이어의 원조가 드라큘라라면, 여자 뱀파이어의 원

조는 헝가리의 에르체베트 바토리(Erzsebet Bathory) 백작 부인
이다. 에르체베트 바토리는 폴란드의 왕을 사촌으로 둘 정도
로 명문가인 바토리가 출신이다. 그러나 전해 내려오는 이야
기에 따르면, 당시 바토리가에서는 그들이 소유한 막대한 양
의 재산과 토지를 사수하기 위한 방편으로 근친결혼이 빈번히
이뤄졌다고 한다. 이 때문에 바토리가에는 유난히 간질이나
정신병을 앓는 사람들이 많았다. 에르체베트 바토리 또한 선
천적으로 정신질환의 일부가 유전되었을 수도 있다.

바토리는 용맹스러운 군인으로 이름이 알려진 페렌츠 나다
스니(Ferenz Nadasdy) 백작과 결혼했다. 그러나 선천적으로 군
인의 기질을 타고난 남편은 터키와 전쟁을 치르느라 집에 없
는 날이 더 많았다. 젊은 시절 바토리는 낯설고 적막한 성에서
시어머니와 지내야 했는데, 역시 군인 집안의 어머니답게 바
토리에게 매사에 지나치게 엄격하게 대했다. 억눌린 시간 속
에서 바토리는 자신의 욕망을 왜곡시키면서 서서히 뒤틀린 정
신병자로 변모하게 되었다.

1600년 결국 그녀의 남편은 전사하고, 마흔 살의 바토리는
자유의 몸이 되었다. 이때부터 그녀의 뒤틀린 욕망이 엽기적
인 행각으로 표출되기 시작한다. 어느 날 그녀는 하녀의 잘못
을 탓하면서 하녀를 때렸는데, 이 과정에서 하녀의 피가 바토
리의 얼굴과 팔에 튀었다. 피 묻은 부분을 닦던 바토리는 순간
적으로 피에 닿은 부분의 피부가 하얗고 탱탱해졌다는 느낌을
받았다. 마흔의 나이로 자신이 늙어가고 있는 것에 대해서 지

나치게 민감해 하던 그녀는 이 사건으로 말미암아 젊은 여성의 피가 자신이 잃어버린 젊음을 되돌려 줄 것으로 굳게 믿게 되었다.

그녀는 젊은 여성의 피로 목욕을 하겠다는 엽기적인 계획을 세운다. 이를 실행에 옮기기 위해 그녀는 믿을 만한 하녀들을 시켜서 산악 지대인 카르파티아 산맥의 언덕 꼭대기에 자리 잡은 자신의 체이테(Csejthe) 성으로 농부의 딸들을 납치했다. 그리고 이들을 잔인무도하게 고문한 끝에 죽이고, 그 피로 목욕을 즐겼다.

바토리는 단순히 피를 원했던 것만은 아니다. 소녀들이 고문을 받고 괴로워하다가 피를 흘리며 서서히 죽어가는 모습을 보고 즐기기를 원했다. 이러한 그녀의 욕망을 채우기 위해서 바토리는 '철의 처녀(Iron Maiden)'와 같은 고문 도구들을 주문 제작하였다. 철의 처녀의 경우, 사람과 비슷하게 생긴 인형으로 희생자를 인형 앞에 놓으면 톱니바퀴에 의해 인형이 서서히 희생자에게 다가와 텅 비어있는 가슴으로 희생자를 감싸 안는다. 인형 안에 갇힌 여자는 좌우 여러 개의 칼날로 난도질되어 죽게 된다. '철의 새장'도 이와 비슷한데, 사람 한 명이 겨우 들어갈 수 있는 크기의 새장에 처녀들을 우겨넣고 도르래를 이용해서 새장을 허공에 매단다. 잠시 후 새장에서 뾰족한 철침이 나와 처녀들을 갈가리 찢어 죽인다. 이 과정에서 많은 양의 피가 아래로 떨어지는데, 바토리는 그 피를 받아서 목욕을 즐겼다고 전해진다. 한국의 소프톤 엔터테인먼트가 제작한 호러 온라인 게임인 '다크 에덴(Dark Eden)'은 뱀파이어를 소재로 다룬 롤 플레잉 게임(RPG)인데, 플레이어가 게임 속에 '바토리 던전'의 2층에 올라가면 역사 속의 고문 기구인 '철의 처녀'를 볼 수 있다. 이처럼 바토리뿐만 아니라 그녀의 고문 방법 및 도구들까지도 후대의 소설이나 영화, 게임에서 다양하게 활용되고 있음을 알 수 있다.

에르체베트 바토리의 초상화.

그러나 바토리의 살인 행각은 종국에 덜미를 잡히고 만다. 처녀들이 체이테 성에만 들어가면 살아 나오지 못한다는 소문이 인근 마을에 파다하게 퍼지게 되자, 사람들은 그 성을 악마의 성이라면서 가까이 가는 것조차 두려워하기 시작했다. 이 소문은 당시 교구의 신부에게까지 전달됐다. 결국 바토리의 만행은 그의 사촌인 기오르기 투르소(Gyorgy Thurzo) 백작의 방문으로 그 실상이 밝혀진다. 그녀가 죽인 처녀들의 수에 대한 진술은 문서마다 조금씩 차이가 있는데 50명에서부터 610명에까지 이른다. 이 일에 가담한 바토리의 하녀나 하인들은 모두 사형을 당했다. 그러나 정작 바토리는 왕족의 친척이라는 이유로 죽음을 모면하는 대신에 창과 문이 폐쇄된 방에 감금됐으며, 3년 뒤에 그녀는 그 방에서 죽었다. 그러나 그녀가 죽은 뒤에도 인근 마을 사람들 사이에서는 바토리에 대한 공포감이 떠돌았으며, 그녀의 이름을 입에 올리는 것조차 금기시 되었다.

바토리가 죽고 사라졌지만, 그녀의 악명 높은 이야기들은 다양한 형태로 현대에까지 이어지고 있다. 바토리를 주인공으로 다룬 대표적인 영화로는 헝가리의 피터 새스디(Peter Sasdy) 감독의 1970년도 작품인「드라큘라 백작부인 Countess Dracula」, 벨기에의 해리 퀴멜(Harry Kümel) 감독의 1971년도 작품인「어둠의 딸들 Daughters of Darkness」등이 있다. 브람 스토커의 소설『드라큘라』에 등장하는 고성의 모델이 실은 바토리의 체이테 성이라는 해석도 있다. 심지어 미국의 장난감 회사인 맥펄린 토이즈(Mcfarlane Toys)에서는 몬스터 시리즈 3탄으로 피로 목욕하는 바토리의 인형을 제작, 판매하고 있다. 피로 목욕을 즐기는 미녀 바토리의 욕조 위로 여인들의 머리 3개가 꼬챙이에 꽂혀있는 형상이 그로테스크하지 않을 수 없다.

귀족 살인마, 질 드 레와 사드

블라드 쩨뻬쉬나 에르체베트 바토리 외에도 역사적으로 연쇄살인범들은 끊임없이 존재해 왔다. 세기의 살인범들의 행각을 두고 평범한 사람들은 이를 인간의 소행이 아닌 악마의 장난으로 치부했다. 그도 그럴 것이 그들의 행각은 평범한 사람이 상상할 수 있는 한계를 훌쩍 뛰어넘는 경우가 대다수였기 때문이다.

멀리 동유럽에서 블라드 쩨뻬쉬의 악명이 높아가던 때와 비슷한 시기인 1440년, 프랑스에서도 연쇄살인범 질 드 레 (Gilles de Rais)에 대한 재판으로 떠들썩했다. 우리에게는 「푸른 수염 Barbe Bleue」의 모델로 더 잘 알려진 질 드 레는 본래 잔 다르크(Jeanne d'Arc)와 함께 프랑스를 위해 힘쓴 백년전쟁의 영웅이었다. 그는 24세의 나이에 장군으로 임명되고 후에 원수의 칭호가 붙을 만큼 총명하고 용맹스러운 귀족이자 군인이었다. 그러나 동료이던 잔 다르크가 마녀로 낙인찍혀 1431년에 화형을 당하고 난 후, 낙망한 질 드 레는 연금술이나 흑마술 등에 빠져들고 말았다.

그는 실험을 명목삼아 하인들을 시켜 당시 거리에서 떠돌던 소년들을 자신의 성으로 유괴했다. 그는 잡아온 아이들을 성추행한 후 칼로 토막 냈다. 이 과정에서 소년들이 천천히 고통 속에서 피를 흘리면서 죽어가도록 가능한 한 고문의 시간을 오래 끌었다. 소년이 죽고 나면 시체를 상대로 사간(死姦) 행위를 하거나, 내장 기관들을 밖으로 끄집어 내놓고 즐기기도 했다는 기록을 통해서 그가 네크로필리아, 즉 시체와 사랑을 나누는 이상 성욕자였음을 짐작할 수 있다.

이렇게 죽어간 아이들은 기록에 따라 다르지만 대략 150명에서 1500명에 이른다. 희생자의 수가 당시의 정치적 상황과 맞물려서 질 드 레의 재산을 몰수하고 직위를 박탈하기 위해서 과장된 면이 있으며, 바토리 때와 달리 사형이라는 중벌이 내려졌다고는 하나, 다수 희생자를 잔인하게 살해했던 것만은 사실이다. 질 드 레의 성이 소년들이 죽어가는 뱀파이어의 성으로 소문이 나기 시작하면서 마을 사람들은 성 주변에 가기는 것조차 꺼려했다. 이 같은 행각이 성직자들에 의해 발각되면서 그는 곧바로 재판에 회부됐고 '푸른 수염'이라는 공포스러운 닉네임만을 남기고 1440년에 화형장에서 사라졌다.

그의 닉네임인 '푸른 수염'은 훗날 동화, 소설, 오페라 등에서 다양하게 부활한다. 프랑스의 문학가 샤를 페로(Charles Perrault)는 1697년에 「푸른 수염」을 포함한 동화집 『거위 아주머니 이야기 Contes de ma mere l'oye』를 발표하면서 작가로 유명해졌다. 프랑스의 악마주의를 다룬 것으로 유명한 위스망스(Huysmans)의 1891년 발표작 『저 아래 Là-bas』에서 '뒤르딸(Durtal)'이란 인물은 질 드 레의 생애와 업적을 기록하는 일에 매달리는데, 이때 질 드 레를 '뱀파이어'라고 직접적으로 표현하기도 했다. 또한 『에로티시즘 L'erotisme』으로 유명한 프랑스의 작가 조르쥬 바타이유는 1440년에 있었던 질 드 레의 재판 기록을 에세이 형식으로 정리해서 출간하기도 했다.

푸른 수염은 비단 소설에서만 부활한 것이 아니다. 프랑스의 작곡가 오펜바흐(Jacques Offenbach)는 1866년에 「푸른 수염」이란 제목의 오페라를 작곡했다. 이후 1907년에는 폴 뒤카(Paul Dukas)에 의해 「아리안느와 푸른 수염 Ariane et Barbe Bleue」이란 제목의 오페라로 작곡됐다. 이처럼 질 드 레의 캐릭터는 20세기에 이르기까지 예술가들에게 끊임없는 영감을 불어넣고 있다. 그가 신의 질서라는 당시의 주류에서 벗어난 이단이라는 점에서 매력적인 한편, 그의 엽기적인 행각이 일상을 벗어난 카니발리즘(Cannibalism)적 정서를 불러일으키기에 충분하기 때문이다.

블라드나 바토리, 질 드 레의 엽기 행각이 훗날 예술가들에게 영감을 불어넣었다면, 사드(Marquis de Sade)는 자신이 저지른 행각들을 토대로 스스로 예술 작품들을 배출해 낸 대표적인 예술가형 뱀파이어다.

블라드나 바토리 시절에 횡행했던 귀족 난봉꾼들의 횡포는 당시로서는 공적인 지탄의 대상이 되지 못했다. 그들의 희생자는 대부분 농부나 천민이었기 때문에 함부로 왕가나 세도가와 직접적으로 연결되어 있는 귀족 살인마들을 처벌할 수 없었기 때문이다. 그러나 사드가 활동하던 1700년대 말에는 상황이 좀 달랐다. 1760년대 이후 인쇄술의 발달과 함께 유식자들을 소비자로 삼아 발매된 신문들은 그때까지 공론화하지 못했던 귀족들의 폭행과 횡포들을 간간히 이슈로 삼았다.

1768년 프랑스의 석간지인 「가제트 데 트리뷔노」에 사드와 관련된 '아르케이 사건'에 관한 기사가 실렸다. 사드가 제과점에서 일하다가 일자리를 잃고 구걸하는 로즈 켈레르라는 36세의 여인을 유괴해서 피가 나도록 채찍질을 했다는 것이다. 18세기의 세기말적인 분위기를 타고 이 기사는 곧 여러 사람들의 입에 오르내렸고 사드는 소뮈르 성에 연금령을 선고받았다. 이 일이 있은 지 4년 후, 그는 다시 '마르세이유 사건'

이라고 불리는 남색 행위로 사형선고를 받았다. 그러나 1773년에 감옥에서 몰래 도망쳐 나와 자신의 영지인 라코스트로 성으로 돌아온다. 여기서도 역시 10여명의 어린 소년·소녀들을 고용해서 그들을 성추행한 후 살해까지 한 것으로 알려지고 있다. 그러나 이에 대해서는 명확한 증거는 남아 있지 않다. 결국 그는 1778년에 뱅센느 감옥에 감금되어 그 곳에서 여생을 마쳤다.

사드는 27년이란 긴 세월동안 감금되어 있었는데, 14년은 문란한 사생활 때문이었고, 나머지 13년은 바로 그의 생활을 직접적으로 반영한 외설적인 작품 때문이었다. 사드는 그의 작품 『쥐스틴느 *Justine*』『쥘리에트 *Juliette*』『소돔에서의 120일 *Les 120 journees de sodome*』 등에서는 온갖 배설물과 피로 뒤범벅이 된 도착 성욕과 오르가즘을 주로 다루고 있다. 그의 소설은 인간 본연의 성을 자유롭게 다룸으로써 현실의 질서를 위반하고 전복시키는 한편 초월적인 예술 활동을 펼쳤다는 면에서 아뽈리네르(Guillaume Apollinaire)나 조르쥬 바타이유와 같은 작가들로부터 찬양을 받기도 했다.

그러나 상대방에게 고통을 줌으로써 쾌감을 얻는 정신질환인 '사디즘(Sadism)'이 그에게서 유래한 것을 통해서 알 수 있듯이, 예술 작품과는 변별적으로 실제 세계에서 그의 행위는 분명 도덕적 책임을 묻지 않을 수 없는 문제이다. 특히 그것이 귀족의 평민에 대한 폭력, 남성의 여성에 대한 폭력, 어른의 아이에 대한 폭력처럼 강자에 의해 일방적으로 행해지는 약자에 대한 폭력일 경우 이는 단순히 쾌락이라는 이름으로 용서받기 힘들다. 특히 21세기에도 끊임없이 벌어지고 있는 남성의 여성에 대한 연쇄살인 혹은 어른의 아이에 대한 폭력의 문제는 가해자의 정신질환으로 인한 경우가 대다수로 그냥 간과해서는 안 될 문제이다.

헤마토딥시아(Hematodipsia)와 같은 정신질환은 과거로부터 현재까지 역사 속에서 '살아있는 뱀파이어'들이 간헐적으로 출현할 수밖에 없었던 이유를 설명해 주는 근거이다. 헤마토딥시아를 앓는 환자들은 피가 흐르는 것을 보거나 피를 마셔야만 성적 쾌감을 느낄 수 있기 때문에 정상적인 성행위 대신에 유혈이 낭자한 성행위를 즐긴다. 『유혈의 욕망 *Bloodlust-Conversation with Real Vampires*』의 저자 캐롤 페이지(Carol Page)의 통계에 의하면 현재 미국에서만 약 5만 명의 사람들이 자신들이 뱀파이어라고 주장하고 있다고 한다. 이들 중 일부는 헤마토딥시아를 앓고 있는 정신질환자로, 심할 경우 언제 어디서 이들이 블라드나 질 드 레에 버금가는 연쇄살인을 저지르고 새로운 뱀파이어의 대명사로 악명을 떨치게 될지 모를 일이다.

뱀파이어의 이름으로

"노스페라투는 자정에 찾아오는 어둠의 망령으로, 그의
모습이 어둠 속에 사라지기 전에는 그의 이름을 감히 입에
담을 수 없다."

– 무르나우(F.W. Murnau) 감독의 영화
「노스페라투 Nosferatu」 중에서

현재 전 세계에서 대명사로 사용되는 '뱀파이어'란 죽은 후
에 다시 살아난 악령으로, 살아있는 인간이나 짐승의 피로 생
명을 연명하는 존재를 가리킨다. 뱀파이어가 된 후부터 죽음
에 이르기까지 일정한 법칙이 통용된다.

먼저 뱀파이어가 되는 이유는 이승에서의 삶과 죽음의 순

간, 매장의 풍습 등과 관련이 있다. 범죄자나 자살한 사람, 이 교도나 마술사, 익울하게 죽은 사람, 기형아나 사생아, 빨간 머리카락이나 푸른 눈동자처럼 외모가 특이한 사람 등은 죽은 뒤에 뱀파이어가 될 수 있다. 또한 죽을 때 고해성사를 하지 못한 사람, 외국에서 죽은 사람도 뱀파이어가 될 소지가 있다. 매장할 때 늑대나 고양이와 같이 사악한 동물이 시체를 뛰어넘거나, 매장 후 수일이 지났는데도 시체가 부패하지 않을 경우 망령이 육신으로 돌아와서 뱀파이어가 된 것으로 간주한다. 뱀파이어는 밤마다 무덤에서 나와 뽀족한 송곳니로 살아있는 인간의 피를 빨아먹는다. 이들에게 물린 사람들은 뱀파이어나 좀비가 된다.

사람들은 뱀파이어에게 다양한 초인적 능력이 있다고 믿는다. 박쥐, 고양이, 쥐, 늑대, 거미, 나방 등 다양한 동물과 곤충으로 변신이 가능하다. 경우에 따라서는 안개나 바람으로 변해서 시야에서 사라지거나 창문 틈새로 숨어들기도 한다. 힘도 굉장히 세기 때문에 어지간한 장정 몇 명쯤은 한 방에 이길 수 있다. 또한 사람이나 동물에게 최면을 걸어 자신의 명령대로 자유롭게 조정할 수도 있다.

그러나 천하무적과 같은 뱀파이어에게도 약점은 있다. 뱀파이어는 거울과 유리, 성수와 십자가, 마늘이나 바곳과 같은 약초 등을 두려워한다. 또한 새벽닭이 울고 해가 뜨기 전에 자신의 무덤이나 무덤가의 흙이 들어있는 관 속으로 돌아가야만한다. 불사의 뱀파이어를 영원히 잠들게 하는 방법도 있다. 직

사광선에 노출되거나 심장에 말뚝이 박히면 뱀파이어는 영원히 사라지게 된다.

뱀파이어에 대한 일반적인 믿음은 어디에서부터 비롯된 것일까? 뱀파이어에 대한 이야기는 전 세계적인 보편성을 띠고 있다. 입에서 입으로 전해오는 민담에서부터 신화에 이르기까지, 다양한 뱀파이어의 원형들이 곳곳에 산재해 있다. 어느 지역에나 겨울밤 아이들의 등을 오싹하게 만들 뱀파이어의 이야기가 한두 가지 씩은 있기 마련이다.

그리스·로마 신화의 몽마, 라미아

엄밀한 의미에서 현재 통용되고 있는 뱀파이어의 뿌리는 서구의 설화에서 비롯되었다. 뱀파이어의 원형은 서구 모든 이야기의 출발점인 그리스·로마 신화에서 쉽게 찾아볼 수 있다.

'악몽'으로 해석되는 몽마(夢魔)는 그리스·로마 신화에 등장하는 대표적인 뱀파이어의 원형이다. 남성의 모습으로 잠자는 여성에게 접근하여 성관계를 갖고 악마의 씨를 임신시키는 몽마를 '인쿠부스(Incubus)'라고 하며, 마찬가지로 여성의 모습으로 잠자는 남성에게 접근하여 정액을 통해서 기를 앗아가는 몽마를 '수쿠부스(Succubus)'라고 일컫는다.

몽마는 인간이 잠들었을 때에만 가슴 위로 올라가서 공격을 가한다. 꿈이 인간의 무의식을 반영한다는 측면에서 볼 때,

일상에서 벗어나고자 하는 인간의 성적 욕망을 악마의 유혹으로 해석하기 위한 악령임을 알 수 있다. 인쿠부스와 수쿠부스가 예쁜 처녀와 건장한 젊은 청년을 선호했다는 사실에서도 이를 짐작할 수 있다. 가위에 눌린 것과 같은 몽마의 공격을 받은 자는 스스로 눈을 뜨거나 아침 햇살을 통해서 몽마를 쫓아내야만 한다. 심한 경우에는 희생자가 목숨을 잃을 수도 있다. 밤 동안 악령과 인간 사이에 벌어지는 성관계라는 몽마의 에로틱한 성향은 뱀파이어의 가장 큰 특징이기도 하다.

한편 여러 문화권에는 공통적으로 '아이를 잡아먹는 여자 귀신'의 이야기들이 퍼져 있다. 그리스·로마 신화에서는 '라미아(Lamia)'의 이야기가 가장 유명하다. 본래 라미아는 동방 국가 벨로스 왕의 딸로 굉장히 아름다운 여인이었다. 그 미모가 제우스의 눈에 띄어 제우스와 사랑을 나누게 된다.

그러나 이 같은 사실을 제우스의 아내 헤라에게 들키면서 라미아의 비극은 시작된다. 질투의 화신인 헤라는 격분하여 라미아의 아이들을 모두 죽여 버린다. 정신이 나간 라미아는 이후 어린 아이들을 유괴해 피를 빨거나 잡아먹는 괴물로 변한다. 여전히 분이 풀리지 않은 헤라는 잠의 신 힙노스(Hypnos)를 시켜 라미아를 영원히 잠들지 못하도록 한다. 제우스는 라미아를 불쌍하게 여겨 라미아로부터 두 눈알을 빼내고 쉴 수 있는 능력을 부여한다. 눈알을 빼냈을 때의 라미아는 흉측한 괴물이기는 하나 애처로움을 자아내는 표정을 짓고 있다. 그러나 눈을 뜨면 곧바로 왜곡된 복수심에 사로잡혀서 아이들을 잡아먹는 요마로 변한다.

라미아의 캐릭터에서 우리는 아름다운 여성이 원한에 사무쳐 흉측한 괴물로 변신한 후 희생자의 피를 빨게 됐다는, 정통적인 뱀파이어의 비하인드 스토리를 유추할 수 있다. 본래 사악하고 흉측한 악마와 달리, 아름다운 여인이 어느 날 불가항력적으로 괴물로 변하고 말았다는 설정은 향유자들로 하여금 동정심을 자아내기에 충분하다. 이야기 속에서 여인이 괴물로 변신하게 된 인과관계를 충분히 설명함으로써, 라미아와 같은 뱀파이어는 무조건 응징해야 할 악이 아닌 애처롭고 안쓰러운 소악마로 이해될 수 있는 것이다.

히브리의 릴리트, 이슬람의 구울

그리스·로마 신화와 양대 산맥을 이루는 서구 상상력의 보고 히브리의 신화에서도 라미아와 같은 여자 악마가 등장한다. 바로 최초의 여성이자 아담과 똑같이 흙으로 빚어진 '릴리트(Lilith)'이다. 구약성서 '이사야 34장'에 등장하는 릴리트는 '밤에 날아다니는 바빌로니아의 악마'로 묘사된다.

아담의 첫 번째 부인이었던 릴리트는 아담과 사사건건 다투다가 결국은 에덴동산에서 뛰쳐나와 홍해로 도망간다. 그녀는 사악한 여귀가 되어서 온갖 악마들과 사랑을 나눈 후 수많은 자식들을 낳았다. 반은 인간, 반은 맹금 모양을 한 릴리트는 냉혹하고 사악한 모습으로 밤마다 요람 속에 있는 아이들의 피를 빨았다.

일부일처제를 거부하고 난삽한 성교를 일삼았으며 아비가 누구인지 모르는 사생아를 낳은 릴리트는 분명 모세의 율법에 어긋나는 여성상이다. 당대의 율법을 거부하는 대신에 수많은 아이들을 출산하고 죽여야 했던 릴리트를 통해서, 금기(taboo)를 어길 경우 여성에게 가해질 수 있는 형벌을 강조하고자 했던 이야기의 의도를 짐작할 수 있다.

이슬람 이야기의 보고인 『아라비안나이트』에도 라미아나 릴리트와 유사한 여귀가 종종 등장한다. 특히 5일째의 이야기에 등장하는 여귀신은 인도의 공주로 위장하여 사냥 나온 왕자를 유혹한다. 사실 그녀는 자식들을 모아놓고 잘 생기고 통통한 왕자를 저녁밥으로 요리할 궁리를 했던 것이다.

'탐욕스러운 자'라는 뜻의 아랍어에서 비롯된 '알굴(Algul)'은 후대에 '구울(Ghoul)'로 잘 알려진 악마이다. 구울은 사람을 이빨로 물어서 마비시킨 뒤 먹어치우거나 무덤에서 시체를 파내어 먹는다. 이제까지 소개된 매력적인 뱀파이어들과 달리, 구울은 본래 짐승처럼 털이 많으며 흉측하게 생겼다. 또한 희생자의 피를 탐하는 것이 아니라, 시체를 게걸스럽게 먹어치운다. 복잡미묘한 인간의 감정을 가진 뱀파이어라기보다는 짐승에 가까운 단순한 괴물에 가깝다.

이와 같은 구울은 후대의 문학 작품이나 게임, 애니메이션에서 좀비와 같은 언데드(undead)를 나타내는 용어로 차용되기도 한다. 미국의 유명한 SF 소설가 러브 크래프트(H. P. Lovecraft)가 대중잡지 『위어드 테일즈 *Wierd Tales*』에 1936년에 발표한 단편소설 「픽맨의 모델 Pickman's Model」은 개와 같은 식인귀 구울을 모델로 기괴한 그림을 그리던 화가가 스스로 구울이 된다는 이야기이다. 일본의 코우타 히라노 원작의 애니메이션 「헬싱」에서 '구울'은 뱀파이어의 조종을 받는 산송장으로 좀비와 같은 의미로 사용되고 있다. 한편 미국 블리자드(blizzard)에서 제작하고, 한국에서 최고의 인기를 구가하고 있는 온라인 게임 '워크래프트(Warcraft)'에서는 게이머가 4개의 종족 가운데 한 종족을 택해서 게임에 참가하는데, 이 가운데 하나가 '언데드(Undead)' 종족이다. 구울은 언데드 종족의 기본 전사로, 한때 좀비였던 썩은 시체들이 변화한 것으로 설정되어 있다. 게임에서 구울은 죽은 전사의 시체를 먹음으로써 에너지를 회복한다.

동양의 강시, 한냐

뱀파이어의 원형은 비단 서양의 설화에 국한된 것만은 아니다. 물론 동양의 경우 매장 풍습과 사후 세계에 대한 개념이 서양의 그것과 다르기 때문에 정확하게 서양식 뱀파이어와 일치하는 캐릭터는 없다. 그러나 동서양을 막론하고 망자와 사후 세계에 대한 의구심이란 인간에게 있어서 보편적인 물음인 만큼, 그와 유사한 캐릭터는 동양 여러 지역의 설화 속에서도 쉽게 찾아볼 수 있다.

동양 귀신담의 원조 국가인 중국에서는 얼어붙은 송장이라는 뜻의 '강시' 귀신이 유명하다. 원한을 품거나 사악한 영혼은 죽은 후에도 시체가 부패하지 않은 채 강시가 된다. 1980년대 아시아 전역에서 대단한 인기를 모았던 「영환도사」「강시선생」 등의 강시 영화에 등장한 강시의 주된 특징 중의 하나는 두 발로 콩콩 뛰어다닌다는 점이다. 얼어붙은 시체이기 때문에 관절을 구부릴 수 없어 두 발로 뛰어다녀야 한다는 설정은 무서우면서도 한편으로 코믹한 느낌을 자아낸다.

　　영환도사는 강시를 저지하는 인물로 강시의 이마에 부적을 붙여 강시를 일시적으로 제압한다. 아울러 영구적으로는 강시가 활동하지 못하는 낮에 시체를 태워버리면 되고, 강시가 활동 중인 밤에는 보금자리인 관 속에 이물질을 넣어 두면 된다. 뱀파이어가 마늘이나 바곳 등의 약초를 두려워하는 것과 마찬가지로 강시는 쇳가루, 쌀, 붉은 콩 등을 두려워한다. 이것들을 관 주변에 발라두면 강시는 무서워서 관 안으로 돌아가지 못한다.

　　우아하게 희생자의 목덜미에 작은 구멍 두개를 내어 피를 빨아먹는 서양식 뱀파이어와 달리, 중국의 강시는 때때로 인간을 게걸스럽게 먹어 치우는 괴물로 묘사되기도 한다. 서극(徐克)이 각본을 쓰고 전승위(錢昇瑋) 감독이 2002년에 연출한 영화 「뱀파이어 헌터 The Era Of Vampir」에서 강시는 시체가 부패한 끔찍한 상태로 돌아다니면서, 육체의 구멍을 통해서 사람의 피를 모두 빨아들이고, 손톱으로 내장을 파먹는 잔인무도하고 끔찍한 괴물일 뿐, 인간적인 면모를 전혀 찾아볼 수 없다. 이와 같은 강시의 캐릭터는 명조, 청조 이래로 이야기의 주요한 주인공으로 명맥을 이어 왔다.

21세기에도 서양의 그 어느 나라에 못지않게 다양한 뱀파이어의 이야기가 다각도로 응용되고 있는 나라가 바로 일본이다. 현재 일본에서 유행하고 있는 뱀파이어의 원형은 대부분 서양의 것을 그대로 옮겨다 활용한 격이다. 그러나 일본의 설화 속에도 유명한 뱀파이어가 등장하는데, 그가 바로 '한냐[般若, はんにゃ]'이다. 한냐는 본래 아름다운 여인으로 승려와 사랑에 빠졌으나, 이루어질 수 없는 사랑 때문에 남자에게 원한을 품고 죽어서 원령으로 변했다. 때문에 한냐는 남자에 대한 극도의 혐오감을 드러내며 남자나 아기를 잡아먹는다. 일본의 전통극인 '노(能)'에 등장하는 한냐의 가면은 귀밑으로 찢어진 입으로 살기등등한 미소를 머금고 처량한 눈길을 보내는 여귀의 형상을 띠고 있다.

이처럼 동양의 설화에서도 서양의 뱀파이어와 유사한 악귀들을 찾아볼 수 있다. 그러나 동양의 악귀들은 후에 드라큘라로 이어지는 서양의 뱀파이어에 직접적인 영향을 끼쳤다는 증거를 찾을 수 없다. 다만 뱀파이어류의 '살아있는 죽은 자'의 이야기가 전 세계적으로 보편적인 화두로 존재하는 가운데, 각 지역의 문화와 풍습에 따라서 각기 다른 형태로 분포되어 있음을 확인할 수 있다.

동유럽의 스트리고이, 모로이, 우피르

뱀파이어의 원조 국가는 다름 아닌 루마니아로 알려져 있다. 루마니아는 지형적으로 험준한 산악 지대가 많은데, 그와 비례해서 전해 내려오는 귀신담도 많은 편이다. 루마니아와 같은 동유럽이 뱀파이어 이야기의 원조로 알려진 데에는 16세기와 17세기 초 동유럽의 사회·경제적 요인에서 기인한다. 당시 동유럽의 나라들은 서유럽 열강에 비해 상대적으로 가난한 데다가 지형적으로 고립되어 있었다.

따라서 자연스럽게 서유럽 국가는 동유럽 국가를 '낯선 미지의 땅'으로 여겼을 것이다. 간혹 동유럽을 여행하는 서유럽의 관리나 군인들은 자신들과는 다른 동유럽의 관습과 문화를 자국으로 돌아와 흥미진진하게 부풀려 전했을 법도 하다. 또한 동유럽 산악 지대의 문맹인 농부들은 농부들대로 외지에서 방문한 외국인들의 입을 통해서 흥미로운 귀신 이야기를 들은 후, 전래되어 오는 설화에 살을 보탰을 것이다. 당시 종교적으로 이단과 미신을 상대로 무자비한 탄압을 벌였던 서유럽과 달리, 비잔틴 정교회가 지배하던 동유럽에서는 민간에 떠도는 미신에 대해서 교회가 비교적 관대한 편이었기 때문에 이러한 이야기를 덧붙이기가 좀더 용이했을 것이다. 알렉산드르 아파나세프(A. N. Afanasev)가 모은 『러시아 민화집 *Narodnye Russkie skazki*』을 살펴보면 당시 러시아 및 동유럽 지방에 뱀파이어의 이야기가 민간에 만연했음을 알 수 있다.

동유럽 중에서도 특히 뱀파이어의 이야기가 많이 발생한 지역은 트란실바니아(Transylvania)다. 트란실바니아는 루마니아의 북서부 지방으로 현재 북쪽으로는 러시아 연방, 서쪽으로는 헝가리, 남서쪽으로는 유고슬라비아와 접해 있으며 활 모양의 카르파티아 산맥(Carpatian Mts.)으로 둘러싸여 있다.

　험준한 산맥으로 둘러싸인 트란실바니아는 영국 등 서유럽 국가에게 있어서는 '기괴하고 환상적인' 장소였음이 분명하다. 낭만주의 이후 고딕소설들이 앞 다투어 트란실바니아를 배경으로 삼고자 했던 이유가 여기에 있다. 이는 비단 고딕소설에서만 유효한 것은 아니다. 미국의 유명한 추리소설가 존 딕슨 카(John Dicson Carr)는 그의 소설 『세 개의 관 *Three Coffins*』에서 트란실바니아를 "으스스한 삼림과 계곡에는 마치 옛날이야기 같은 황량함과 어두움이 있었다."라고 묘사하고 있다.

　이 지역은 아시아와 동유럽을 관통하기 때문에 예로부터 오스만투크르, 오스트리아-헝가리 왕국 등 외세의 지배가 잦았다. 현재 인구의 80% 이상이 헝가리계인 만큼 슬라브족의 문화 또한 오랜 세월을 두고 깊숙이 침투해 왔다. 이처럼 트란실바니아에서 동유럽의 다양한 문화가 혼용되어 뱀파이어 이야기가 탄생된 것이다.

　루마니아에는 '스트리고이(Strigoii)'라는 광의의 뱀파이어가 있다. 루마니아에서 스트리고이는 본래 올빼미의 울음소리를 뜻하지만, 후대에 마귀나 악령을 나타내는 단어로 사용되었다. 루마니아의 국민 시인으로 알려진 에미네스쿠(Eminescu)는

1876년에 해롤드 왕(King Harold)의 이야기를 다룬 「스트리고이 Strigoii」라는 장편시를 발표한 바 있다. 이때 스트리고이는 뱀파이어를 지칭한다기보다는 단순히 '유령'의 의미 정도로 차용되고 있다.

루마니아의 설화에서 스트리고이가 될 수 있는 조건은 일반적인 뱀파이어의 경우와 유사하다. 억울하게 비명횡사를 한 자이거나 자살한 자, 범죄자, 마법사 등과 7번째로 태어난 아들, 사생아, 머리에 망막을 쓰고 태어난 아이 등이 죽어서 스트리고이가 될 수 있다. 스트리고이를 예방할 수 있는 방법으로는 마늘, 들장미 등이 사용되며, 시체의 심장에 말뚝을 박고 머리를 절단한 후, 그 머리를 시체의 발치에 두거나 아예 태워버리면 영영 사라지고 만다. 이는 후대의 뱀파이어에 지대한 영향을 미치는 부분이기도 하다.

스트리고이와 비슷한 귀신으로 '모로이(Moroii)'가 있는데, 모로이는 스트리고이에 비해서는 협의의 의미를 갖는다. 모로이는 세례를 받지 못한 아이, 사산아, 사생아 등이 죽은 후 6주나 6딜, 혹은 7년 후에 다시 살아나는 경우이다. 모로이는 해와 달을 먹어치워서 월식을 일으킨다고 믿어졌으며, 십자가를 보여줘도 사라지지 않고 만나는 사람을 흉측하게 만드는 능력을 갖고 있다. 충혈된 눈동자에 붉은 얼굴, 낫 모양의 손톱과 큰 입을 갖고 있는데, 이와 같은 설정 또한 후대의 뱀파이어에게서 쉽게 찾아볼 수 있다.

역시 귀신 이야기들이 다양하게 발생한 러시아와 우크라이나 지방에서는 스트리고이와 함께 '우피르(Upyre)'라는 뱀파이어의 이야기가 널리 퍼져 있다. 우피르는 기후적인 특성상 손이 얼 정도로 추위가 심하기 때문에 이빨로 희생자를 물어서 피를 빨았다고 전해진다.

우피르는 불가리아, 체코슬로바키아, 세르비아 등 슬라브 문화권에서는 발음이 비슷한 '뱀피르(Vampyre)'로 불리기도 한다. 이는 후에 서양의 일반적인 '뱀파이어(Vampire)'로 이어지는 데 지대한 역할을 한다. 문학 작품에서 뱀피르는 뱀파이어와 동일한 의미로 사용되기도 한다. 뱀파이어 문학에 있어 선구자와도 같은 영국의 존 폴리도리(John Polidori)의 단편소설 「뱀파이어 The Vampire-A tale」의 제목은 당대의 원본에 따라 엄밀히 표기하자면 '뱀피르(Vampyre)'이다. 루마니아 지방을 중심으로 동유럽에서 떠돌던 뱀파이어의 이야기들이 차츰 '뱀파이어'라는 이름의 신화로 응집되어 간 것이다.

노스페라투, 뱀파이어

문명의 교류가 빈번하다 못해서 하나로 통합되는 현상을 보이는 현대에 와서는 비슷한 특성을 가진 각 지방의 흡혈 귀신들이 노스페라투, 혹은 뱀파이어라는 이름 아래 하나로 모아진다. 노스페라투(Nosferatu)는 뱀파이어와 마찬가지로 죽고 나서 무덤에서 깨어 나와 희생자의 피를 빼는 귀신을 지칭하는 말이다. 이는 독일의 영화감독 무르나우(F. W. Murnau)가 제작한 최초의 뱀파이어 무성영화인 「노스페라투」에서 뱀파이어를 지칭하는 단어로 사용되면서 유명해졌다. 노스페라투는 인쿠부스나 수쿠부스처럼 밤에 악몽처럼 찾아오는 살아있는 죽은 자로, 영화에서는 희생자를 가두어 놓고 천천히 피를 빨아먹는 존재로 그려지고 있다.

그러나 우리에게 가장 친숙한 이름은 아무래도 '뱀파이어'이다. 여러 지방의 설화들이 한데 뒤엉킨 가운데 탄생한 뱀파이어라는 단어는 17~18세기 이후 다양한 문학 작품과 영화들을 통해서 일반명사로 자리잡게 되었다.

프랑스의 신학자인 동 칼메(D. A. Calmet)가 1746년에 발표한 뱀파이어에 대한 보고서인 『정령과 뱀파이어에 대한 보고서 *Traite sur les Apparition des Espirits, et sur les Vampires*』에서는 뱀파이어의 존재에 대한 객관적인 정의를 내리고 있다. 그에 따르면 뱀파이어란 "죽은 후 시간이 흐른 뒤에 무덤에서 다시 나와서 산 자를 괴롭히고 피를 빨아먹는 존재"이다. 만약 사악한 인간이 자살을 한다면, 그는 죽은 뒤에도 영혼은 그대로 이승에 머물면서 뱀파이어가 되어, 잠자고 있는 사람들을 방문해서 그들을 죽이고, 뱀파이어에 의해서 죽임을 당한 사람들은 또다시 뱀파이어가 된다. 이러한 뱀파이어의 물리고 물리는 법칙에 의해서 동 칼메 당대에 뱀파이어는 수적으로 증가하고 그 성향 또한 다양해지고 있다고 기록되어 있다.

동 칼메의 본래 의도와는 다르지만, 그의 예견대로 시대를 거듭할수록 뱀파이어는 여기저기에서 활용되어 왔다. 프랑스의 작가이자 사상가인 볼테르(Voltaire)는 1764년에 출간한 그의 만년 저서 『철학사전 *Dictionnaire philosophique portatif*』에서 "영국과 파리에는 세리, 사업가와 같이 일반인들의 피를 빨아 먹는 이들이 있다. 진짜 뱀파이어는 공동묘지가 아니라 궁정에서 살고 있다."면서 당대의 세태를 뱀파이어에 빗대어 풍자하기도 했다.

이처럼 뱀파이어의 캐릭터는 더 이상 변방의 설화에 국한되지 않았다. 앞에서 살펴본 것과 같이 뱀파이어는 무궁무진한 이야기의 샘이자 천의 얼굴을 가진 아이콘으로 소설은 물론 영화, 게임에서 다양하게 '멀티 유즈'되고 있다. 장르의 벽을 넘어 미디어와 함께 진화를 거듭할수록 뱀파이어 이야기는 바닥이 나는 것이 아니라 오히려 더욱 다양해지고 있는 것이다.

뱀파이어, 네버 엔딩 스토리

"내 지각에 이상이 없다면, 아직도 지난 세기들이 힘을 행사하고 있다. 현대성으로 제압할 수 없는 과거의 힘이 살아있는 것이다."

– 브람 스토커(Bram Stoker)의 소설
『드라큘라 *Dracula*』 중에서

인간은 누구나 죽기 마련이다. 그것은 거역할 수 없는 자연의 섭리이다. 그러나 인간에게는 실제 세계의 가치 체계와 질서를 뒤흔들 수 있는 '상상력(fancy)'이라는 무기가 있다. 이를 이용해서 유한한 인간은 영생이라는 불가능한 욕망을 가능하도록 바꿀 수 있는 것이다.

다양한 시대와 장소를 살아가는 인간에게 있어서 삶과 죽음만큼 보편적인 화두도 없을 것이다. 산 자도 죽은 자도 아닌 뱀파이어는 영생의 주제에 있어서 가장 두렵고도 매력적인 캐릭터라 할 만하다. 산 자의 피를 통해서 영생을 유지하는 모순적 피조물인 뱀파이어는 그 자체로 '공포'이기 때문에 단죄되어야 할 대상이다. 동시에 인간의 유한성을 극복하고 '영원한 경계인'이자 '타자'를 자처한다는 점에서 동경의 대상이기도 하다.

입에서 입으로 전해지던 뱀파이어에 관한 설화들은 중세의 유일신을 믿는 기독교와 부딪히면서 악의 대명사로 양피지에 기록된다. 이후 근대에 이르면 출판 기술의 대중화에 힘입어 소설이라는 이야기 양식을 통해서 자본주의와 계몽주의의 이데올로기에 반하는 초현실적인 캐릭터로 그려지기도 한다. 현대에는 영화와 게임이라는 강력한 흡입력을 지닌 매체를 통해서 또다시 대중들의 가슴 속에 유혹과 두려움의 불꽃으로 되살아나고 있다.

이처럼 뱀파이어는 어떤 시대에는 실제로 존재했고, 또 어떤 시대에는 텍스트로 존재했다. 존재를 담는 그릇은 시대에 따라 바뀌기 마련이지만, 뱀파이어라는 존재 자체는 늘 인간의 가슴 속에 있어 왔던 셈이다. 물고 물리는 관계 속에서 새로운 뱀파이어가 탄생하듯, 인간에게 있어서 영생의 화두가 풀리지 않는 한, 뱀파이어의 이야기는 끊임없이 생산되고 소비될 것이다.

참고문헌

<시와 소설>

기 드 모파상(Guy de Maupassant), 「오를라 Le Horla」, 1887.

보들레르(Charles Pierre Baudelaire), 「뱀파이어 Le Vampire」「뱀파이어의 변신 Les Metamorphoses du Vampire」, 1857.

브람 스토커(Bram Stoker), 『드라큘라 *Dracula*』, 1897.

사드(Marquis de Sade), 『소돔 120일 *Les 120 Journees de Sodome*』, 1785.

샤를 페로(Charles Perrault), 『거위 아주머니 이야기 *Contes de ma mere l'oye*』, 1697.

셰리던 르 파뉴(Sheridan Le Fanu), 『카르밀라 *Carmilla*』, 1872.

알렉시스 톨스토이(Alexis Tolstoy), 「부르달락 가족 Family of Vourdalak」, 1847.

에드거 알렌 포(Edgar Allan Poe), 「때 이른 매장 Premature Burial」「리지아 Liegia」「모렐라 Morella」「베레니스 Berenice」「적사병 가면 The Masque of the Red Death」, 1838.

에미네스쿠(Eminescu), 「스트리고이 Strigoii」, 1876.

위스망스(Huysmans), 『저 아래 *Là-bas*』, 1891.

조르쥬 바타이유(Georges Bataille), 『눈 이야기 *Histoire de L'oeil*』, 1928.

존 폴리도리(John Polidori), 「뱀파이어 The Vampyre-A tale」, 1819.

<영화와 애니메이션>

가와지리 요시아키, 「뱀파이어 헌터 D Vampire Hunter D: Bloodlust」, 2000.

기타쿠보 히로유키, 「블러드-마지막 뱀파이어 Blood- The Last Vampire」, 2000.

닐 조던(Neil Jordan), 「뱀파이어와의 인터뷰 Interview with the Vampire」, 1994.

렌 와이즈먼(Len Wiseman), 「언더월드 The Underworld」, 2003.

로베르토 로드리게즈(Robert Rodriguez), 「황혼에서 새벽까지 From Dusk Till Dawn」, 1996.

마이클 라이머(Michael Rymer), 「퀸 오브 뱀파이어 Queen of the Damned」, 2002.

무르나우(Friedrich Wilhelm Murnau), 「노스페라투 Nosferatu-eine Symphonie des Grauens」, 1922.

베르너 헤어조그(Werner Herzog), 「노스페라투 Nosferatu-Phantom der Nacht」, 1979.

스티븐 노링턴(Stephen Norrington), 「블레이드 Blade」, 1998.

스티븐 노링턴(Stephen Norrington), 「젠틀맨리그 The League of Extraordinary Gentlemen」, 2003.

스티븐 소머즈(Stephen Sommers), 「반 헬싱 Van Helsing」, 2004.

아벨 페라라(Abel Ferrara), 「어딕션 The Addiction」, 1995.

우라타 야스노리, 「헬싱 Helsing」, 2001.

전승위(錢昇瑋), 「뱀파이어 헌터 The Era Of Vampire」, 2002.

테렌스 피셔(Terrence Fisher), 「드라큘라 Dracula」, 1958.

테렌스 피셔(Terrence Fisher), 「드라큘라, 어둠의 왕자 Dracula, Prince of Darkness」, 1965.

토드 브라우닝(Tod Browning), 「드라큘라 Dracula」, 1931.

토드 브라우닝(Tod Browning), 「마크 오브 더 뱀파이어 Mark of the Vampire」, 1935.

토브 후퍼(Tobe Hooper), 「살렘스 롯 Salem's Lot」, 1979.

팀 버튼(Tim Burton), 「에드우드 Ed wood」, 1994.

프란시스 포드 코폴라(Francis Ford Coppola), 「드라큘라 Bram Stoker's Dracula」, 1992.

피터 새스디(Peter Sasdy), 「드라큘라 백작부인 Countess Dracula」, 1970.

해리 퀴멜(Harry Kümel), 「어둠의 딸들 Daughters of Darkness」, 1971.

뱀파이어 연대기

초판발행 2004년 12월 30일 | 3쇄발행 2007년 11월 10일
지은이 한혜원
펴낸이 심만수 | 펴낸곳 (주)살림출판사
출판등록 1989년 11월 1일 제9-210호

주소 413-756 경기도 파주시 교하읍 문발리 파주출판도시 522-2
전화번호 영업·(031)955-1350   기획편집·(031)955-1357
팩스 (031)955-1355
이메일 salleem@chol.com
홈페이지 http://www.sallimbooks.com

ISBN 89-522-0320-8 04080
       89-522-0096-9 04080 (세트)

* 잘못된 책은 구입하신 서점에서 바꾸어 드립니다.
* 저자와의 협의에 의해 인지를 생략합니다.

값 3,300원